종이꽃을
피우다

Paper flowers

전순덕 지음

내 솜씨의 페이퍼 플라워

50여 가지

종이꽃을 피우다

도림북스

평범한 사무직 직장인으로 반복되는 일상에 지치고 직업에 대한
한계를 느낄 때쯤 새로운 분야에 관심을 갖기 시작했어요. 내 인생은
소중하기에 나를 위한 무언가를 배우고 싶었죠. 그렇게 아트플라워라는
공예를 시작하게 되었어요. 아트플라워는 재료에 한계가 없고
수작업으로 섬세하게 표현하는 공예라는 점이 참 매력적으로
느껴졌어요.

다양한 소재를 다루는 아트플라워지만, 종이를 사용하는 작업이
유독 많아졌어요. 종이라는 소재는 색도 다양하고 꽃으로 만들었을 때
잘 망가지지 않아 만드는 저에게뿐만 아니라 클라이언트들에게도
접근성이 좋은 재료예요.
2011년 한 웨딩홀에서 화이트 종이꽃 40송이를 주문하셨는데, 이
주문을 특별하게 작업해보고 싶은 마음에 꽃 40송이 모두를 다른
디자인으로 만들어보았어요. 그 당시 블로그 활동을 열심히 했었는데,
이 작업에 대한 글을 게시하자 많은 관심을 받게 되었어요. 감사히도
정말 큰 브랜드들의 주문을 받게 되었고, 더 빠르게 성장할 수 있었죠.

먼저 말씀드린 종이에 대한 장점은 오히려 단점이 될 수도 있어요.
모두에게 접근성이 좋기에 다른 소재들에 비해 표현이 쉽고 섬세하지
않다고 생각하시는 분들이 꽤나 많으시더라고요. 그래서 디테일과
다양성을 찾아 오랜 시간을 연구했어요. 꽃잎의 도안, 꽃술의 다양한
디자인, 조립 방법과 사이즈 비율 등 저만의 레시피들을 하나하나
만들어가기 시작했고 지금까지도 그 연구는 멈추지 않고 있어요.
주문 작업도 있지만 공방을 운영하며 수강생들에게 어렵지 않으면서도
퀄리티 있는 수업을 진행하려고 끊임없이 노력했어요. 누구나 할 수
있는, 재미를 느낄 수 있는 방법으로 종이꽃 수업을 해왔고 좋은 기회를
통해 이 내용을 책으로 담았어요.

아트플라워는 저를 발전시켜주었어요. 그리고 앞으로도 이 작업으로
행복한 나날을 보낼 생각이에요.
내가 가장 소중하니까, 나를 위한 무언가를 배워서 나 자신을
발전시켜주는 것. 이 책을 통해 여러분의 시간을 더욱 의미 있게
만들어가길 응원해요.
 감사합니다!

내솜씨 전순덕

contents

PART 1
BASICS

종이꽃 만들기의
기초

PART 2
PAPER
FLOWERS

종이꽃

복숭아꽃

달리아

시클라멘

클레마티스

목련

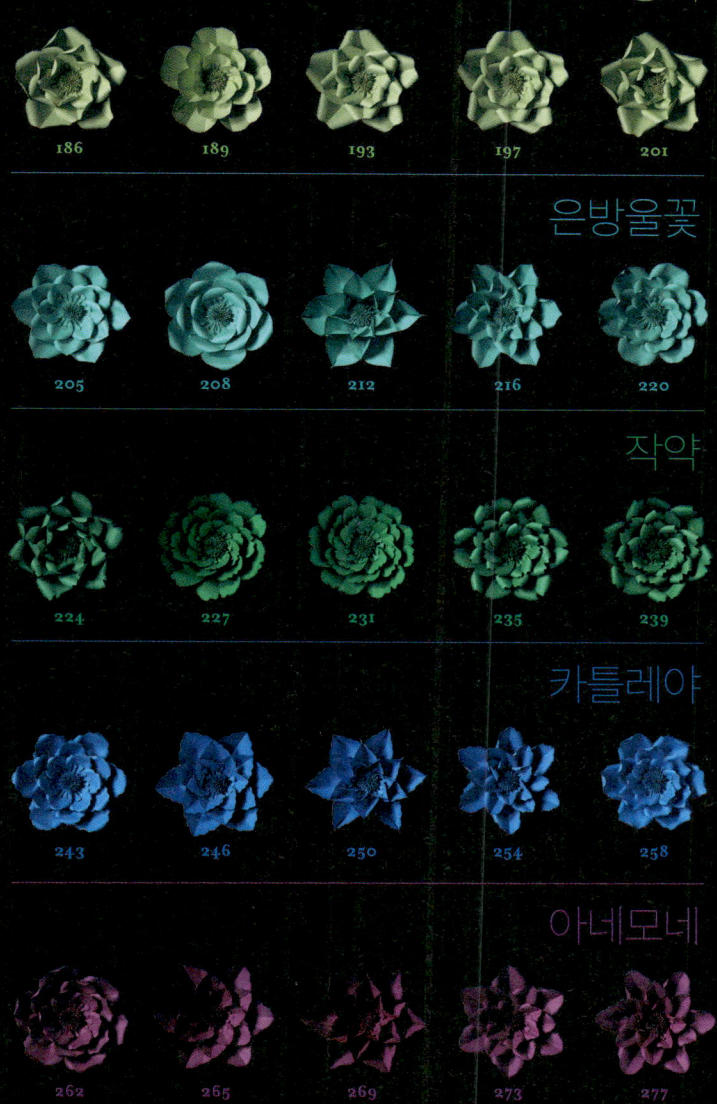

장미

186 189 193 197 201

은방울꽃

205 208 212 216 220

작약

224 227 231 235 239

카틀레야

243 246 250 254 258

아네모네

262 265 269 273 277

PART 3
ARRANGEMENTS

종이꽃의 활용

Paper flowers

종이꽃 만들기의 기초

기본 도구

1 종이

종이는 컬러가 다양하고
볼륨이 잘 들어가는
'디자이너스칼라'(색상 200가지,
평량 116g/㎡)를 추천한다.

판매처 : 인더페이퍼
www.inthepaper.co.kr

2 가위

도안을 자르거나
꽃술의 채썰기를 할 때
사용한다.

3
목공풀

목공풀은 천천히
마르고 마른 후에는 색이
투명하여 깔끔한 작업에 좋다.

4 글루건

종이 접착 시 가장 잘 붙고 빨리 붙는다. 글루건 심이
녹으면 뜨거우니 화상에 주의하세요.

5 꽃철사

꽃철사는 #18~#30까지 다양하다.
종이가 말려 있고 번호가 클수록
굵기가 얇다. 이 책에 있는 꽃을 만들
때는 꽃철사 #27을 추천한다.

6 자

본인 손에 맞는 자를
사용하면 좋다. 이 책에서는 넓은
방안자를 사용했다.
너무 얇은 자는 부러질 수 있으니
주의하세요.

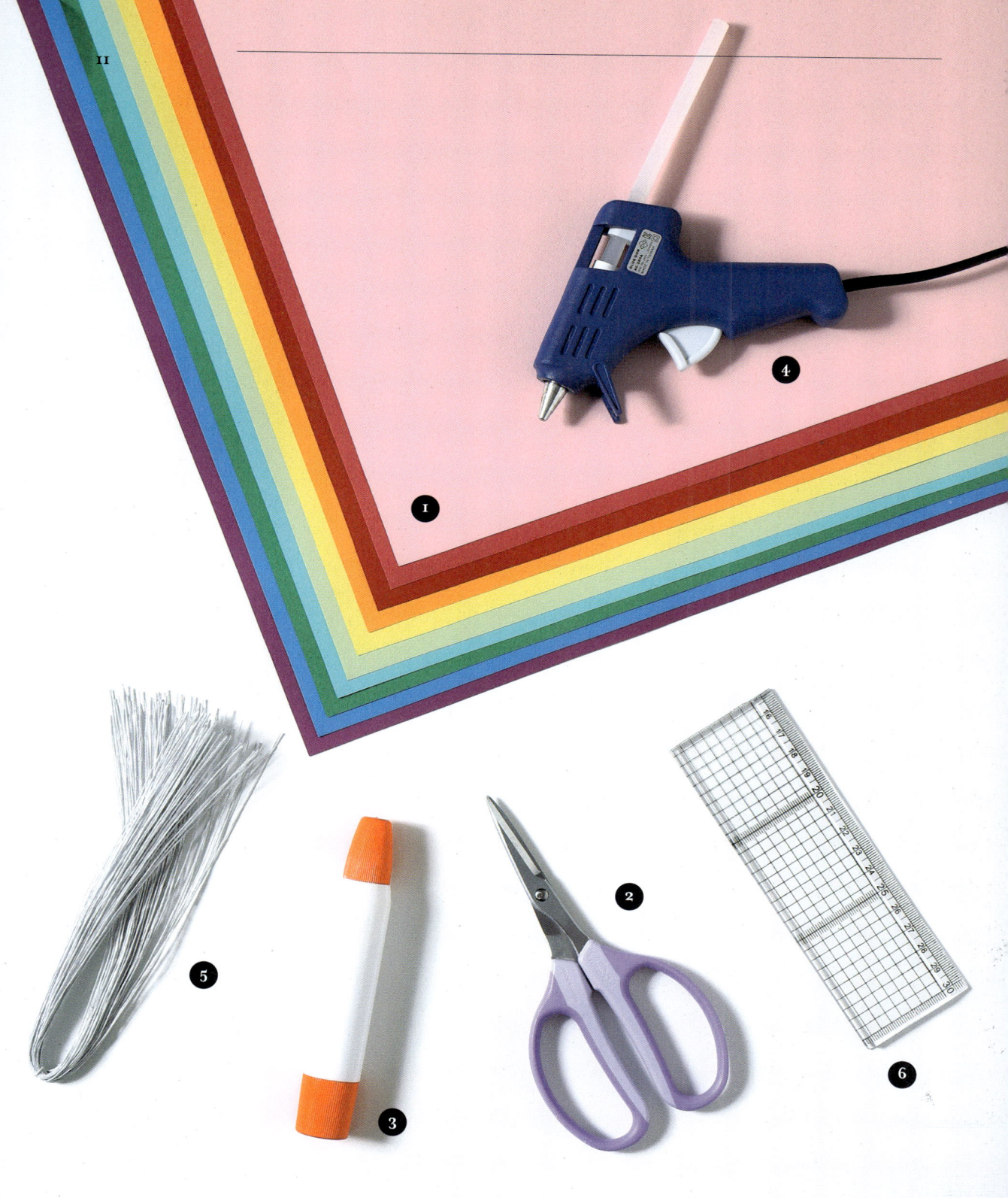

종이꽃
볼륨법

종이꽃을 만들 때 꽃잎에 볼륨을 넣어주면
입체감 있는 꽃이 되어 진짜 꽃처럼 보인다.
꽃의 특징에 따라 또는 연출하고 싶은
꽃의 분위기에 따라 여러 가지 볼륨법을 활용하면
각양각색의 꽃을 만들 수 있다.

볼륨법 01
꽃잎을 길게
뒤로 넘기는 방법

복숭아꽃으로 만들어본다. 【도안은 91쪽 참고】

1 복숭아꽃의 꽃잎 도안 대 6장, 중 6장, 소 6장을 준비한다.

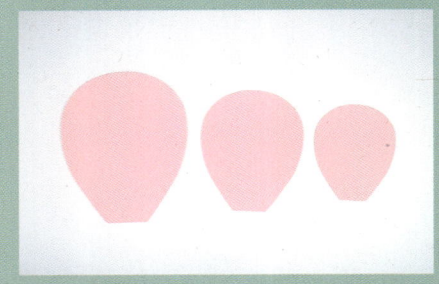

2 꽃잎을 곧은자의 눈금과 오른손 엄지손가락 사이에 끼운다.

3 꽃잎의 가운데에서 위쪽으로 길게 뒤로 넘긴다.

종이를 당기듯 넘겨주면서 손목도 같이
돌려주면 볼륨이 잘 들어간다.

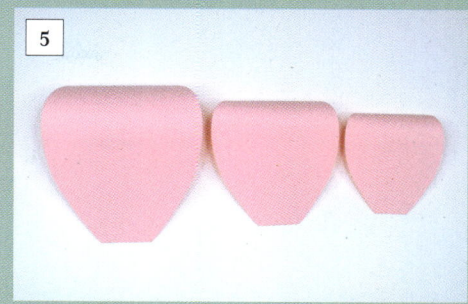

꽃잎 대 6장, 중 6장, 소 6장 모두 2~4를
반복하여 볼륨을 넣는다.

꽃잎의 아랫부분 가운데에서 작은 구멍이
있는 곳까지 가위로 자른다.

가위로 자른 부분의 왼쪽에 글루건을
세로로 길게 쏘아준다.

꽃잎 아랫부분의 왼쪽 끝과 오른쪽 끝이
가운데에서 뾰족하게 서로 만나도록
교차하여 붙인다.

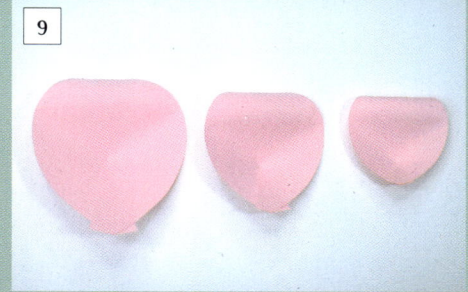

꽃잎 대 6장, 중 6장, 소 6장 모두 6~8을
반복하여 꽃잎 모양을 만든다.

원판 A에 있는 구멍 중 가장 바깥쪽에 있는
구멍에서 원판 끝까지 글루건을 쏘아준다.

꽃잎 대 1장을 원판 A의 가장 바깥쪽
구멍에 맞춰서 붙인다.

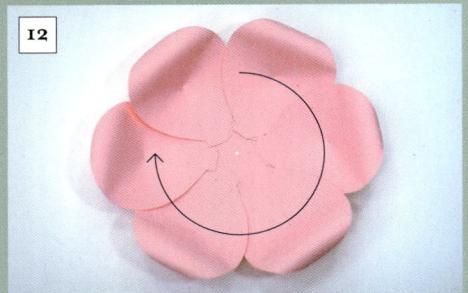

꽃잎 대 6장을 시계방향으로 붙인다.
이때 6번째 꽃잎은 1번째 꽃잎의 밑으로
들어가도록 붙인다.

꽃잎 중과 소는 글루건을 원판 A가 아닌
꽃잎 아랫부분에 세로로 쏘아준다.

꽃잎 중 1장을 꽃잎 대와 대 사이에,
원판 A의 중간 줄 구멍에 맞춰서 붙인다.

꽃잎 중 6장을 시계방향으로 붙인다.
이때 6번째 꽃잎은 1번째 꽃잎의 밑으로
들어가도록 붙인다.

꽃잎 소 1장을 꽃잎 중과 중 사이에,
원판 A의 안쪽 구멍에 맞춰서 붙인다.

꽃잎 소 6장을 시계방향으로 붙인다.
이때 6번째 꽃잎은 1번째 꽃잎의 밑으로
들어가도록 붙인다.

꽃술의 철사를 꽃 가운데 구멍으로
통과시켜 꽃술을 넣는다.

꽃 뒷면에서 꽃술의 철사를 양쪽으로
당긴 후 원판 A 밖으로 튀어나오지
않게 자른다. 원판 A의 테두리와 철사에
글루건을 쏘아주고 원판 B를 붙인다.

02

볼륨법 02
반폭으로 접는 방법

달리아로 만들어본다. 【도안은 111쪽 참고】

☐1 달리아의 꽃잎 도안 대 8장, 중 8장,
소 8장을 준비한다.

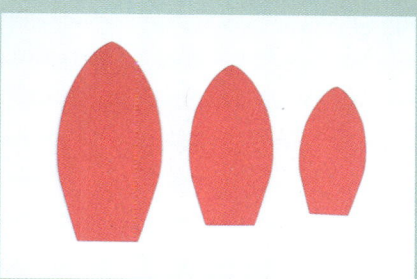

☐2 꽃잎을 반폭으로 접는다.

☐3 꽃잎 대 8장, 중 8장, 소 8장 모두
2처럼 접어서 볼륨을 넣는다.

꽃잎의 아랫부분 가운데에서 작은 구멍이
있는 곳까지 가위로 자른다.

가위로 자른 부분의 왼쪽에 글루건을
세로로 길게 쏘아준다.

꽃잎 아랫부분의 왼쪽 끝과 오른쪽 끝이
가운데에서 뾰족하게 서로 만나도록
교차하여 붙인다.

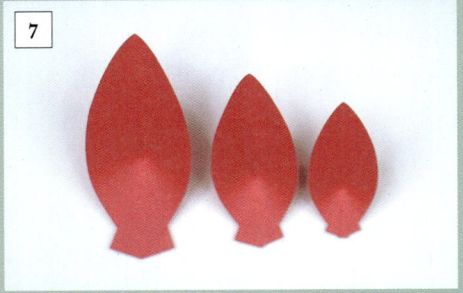

꽃잎 대 8장, 중 8장, 소 8장 모두 4~6을
반복하여 꽃잎 모양을 만든다.

원판 A에 있는 구멍 중 가장 바깥쪽에
있는 구멍에서 원판 끝까지 글루건을
쏘아준다.

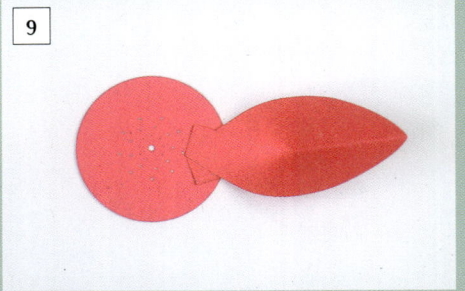

꽃잎 대 1장을 원판 A의 가장 바깥쪽
구멍에 맞춰서 붙인다.

Part 1 | Basics 종이꽃 만들기의 기초

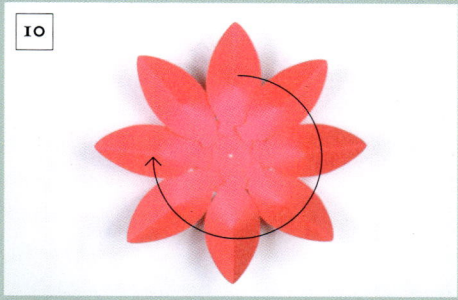

꽃잎 대 8장을 시계방향으로 붙인다.
이때 8번째 꽃잎은 1번째 꽃잎의 밑으로
들어가도록 붙인다.

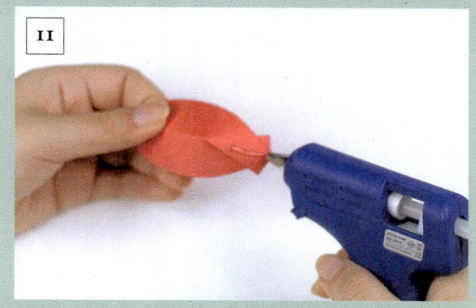

꽃잎 중과 소는 글루건을 원판 A가 아닌
꽃잎 아랫부분에 세로로 쏘아준다.

꽃잎 중 1장을 꽃잎 대와 대 사이에,
원판 A의 중간 줄 구멍에 맞춰서 붙인다.

꽃잎 중 8장을 시계방향으로 붙인다.
이때 8번째 꽃잎은 1번째 꽃잎의 밑으로
들어가도록 붙인다.

꽃잎 소 1장을 꽃잎 중과 중 사이에,
원판 A의 안쪽 구멍에 맞춰서 붙인다.

꽃잎 소 8장을 시계방향으로 붙인다.
이때 8번째 꽃잎은 1번째 꽃잎의 밑으로
들어가도록 붙인다.

꽃술의 철사를 꽃 가운데 구멍으로
통과시켜 꽃술을 넣는다.

꽃 뒷면에서 꽃술의 철사를 양쪽으로 당긴
후 원판 A 밖으로 튀어나오지 않게 자른다.
원판 A의 테두리와 철사에 글루건을
쏘아주고 원판 B를 붙인다.

03

볼륨법 03
반폭으로 접고 다시
양쪽을 반폭으로 접는 방법

시클라멘으로 만들어본다. 【도안은 130쪽 참고】

I | 시클라멘의 꽃잎 도안 대 6장, 중 6장, 소 6장을 준비한다.

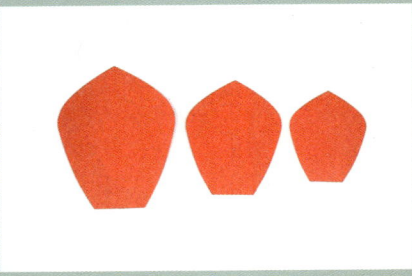

2 | 꽃잎을 반폭으로 접는다.

3 | 오른쪽을 반의 반폭으로 접는다.

반대쪽도 반의 반폭으로 접는다.

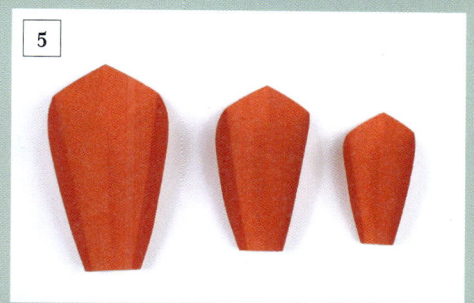

꽃잎 대 6장, 중 6장, 소 6장 모두 2~4를 반복하여 볼륨을 넣는다.

꽃잎의 아랫부분 가운데에서 작은 구멍이 있는 곳까지 가위로 자른다.

가위로 자른 부분의 왼쪽에 글루건을 세로로 길게 쏘아준다.

꽃잎 아랫부분의 왼쪽 끝과 오른쪽 끝이 가운데에서 뾰족하게 서로 만나도록 교차하여 붙인다.

꽃잎 대 6장, 중 6장, 소 6장 모두 6~8을 반복하여 꽃잎 모양을 만든다.

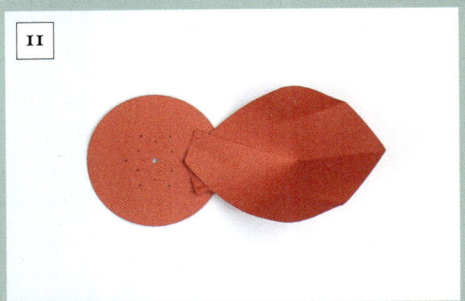

원판 A에 있는 구멍 중 가장 바깥쪽에 있는
구멍에서 원판 끝까지 글루건을 쏘아준다.

꽃잎 대 1장을 원판 A의 가장 바깥쪽
구멍에 맞춰서 붙인다.

꽃잎 대 6장을 시계방향으로 붙인다.
이때 6번째 꽃잎은 1번째 꽃잎의 밑으로
들어가도록 붙인다.

꽃잎 중과 소는 글루건을 원판 A가 아닌
꽃잎 아랫부분에 세로로 쏘아준다.

꽃잎 중 1장을 꽃잎 대와 대 사이에,
원판 A의 중간 줄 구멍에 맞춰서 붙인다.

꽃잎 중 6장을 시계방향으로 붙인다.
이때 6번째 꽃잎은 1번째 꽃잎의 밑으로
들어가도록 붙인다.

꽃잎 소 1장을 꽃잎 중과 중 사이에,
원판 A의 안쪽 구멍에 맞춰서 붙인다.

꽃잎 소 6장을 시계방향으로 붙인다.
이때 6번째 꽃잎은 1번째 꽃잎의 밑으로
들어가도록 붙인다.

꽃술의 철사를 꽃 가운데 구멍으로
통과시켜 꽃술을 넣는다.

꽃 뒷면에서 꽃술의 철사를 양쪽으로
당긴 후 원판 A 밖으로 튀어나오지
않게 자른다. 원판 A의 테두리와 철사에
글루건을 쏘아주고 원판 B를 붙인다.

04

볼륨법 04
반폭으로 접고 꽃잎 윗부분을 붙여주는 방법

클레마티스로 만들어본다. [도안은 149쪽 참고]

| 1 | 클레마티스의 꽃잎 도안 대 8장, 중 8장, 소 8장을 준비한다.

| 2 | 꽃잎을 반폭으로 접는다.

| 3 | 꽃잎 위쪽 가운데 부분에 글루건을 쏘아준다.

글루건이 굳기 전에 손끝으로 살짝 집어
붙인다.

꽃잎 대 8장, 중 8장, 소 8장 모두 2~4를
반복하여 볼륨을 넣는다.

꽃잎의 아랫부분 가운데에서 작은 구멍이
있는 곳까지 가위로 자른다.

가위로 자른 부분의 왼쪽에 글루건을
세로로 길게 쏘아준다.

꽃잎 아랫부분의 왼쪽 끝과 오른쪽 끝이
가운데에서 뾰족하게 서로 만나도록
교차하여 붙인다.

꽃잎 대 8장, 중 8장, 소 8장 모두 6~8을
반복하여 꽃잎 모양을 만든다.

Part 1 | Basics 종이꽃 만들기의 기초

원판 A에 있는 구멍 중 가장 바깥쪽에 있는
구멍에서 원판 끝까지 글루건을 쏘아준다.

꽃잎 대 1장을 원판 A의 가장 바깥쪽
구멍에 맞춰서 붙인다.

꽃잎 대 8장을 시계방향으로 붙인다.
이때 8번째 꽃잎은 1번째 꽃잎의 밑으로
들어가도록 붙인다.

꽃잎 중과 소는 글루건을 원판 A가 아닌
꽃잎 아랫부분에 세로로 쏘아준다.

꽃잎 중 1장을 꽃잎 대와 대 사이에,
원판 A의 중간 줄 구멍에 맞춰서 붙인다.

꽃잎 중 8장을 시계방향으로 붙인다.
이때 8번째 꽃잎은 1번째 꽃잎의 밑으로
들어가도록 붙인다.

꽃잎 소 1장을 꽃잎 중과 중 사이에,
원판 A의 안쪽 구멍에 맞춰서 붙인다.

꽃잎 소 8장을 시계방향으로 붙인다.
이때 8번째 꽃잎은 1번째 꽃잎의 밑으로
들어가도록 붙인다.

꽃술의 철사를 꽃 가운데 구멍으로
통과시켜 꽃술을 넣는다.

꽃 뒷면에서 꽃술의 철사를 양쪽으로 당긴
후 원판 A 밖으로 튀어나오지 않게 자른다.
원판 A의 테두리와 철사에 글루건을
쏘아주고 원판 B를 붙인다.

05

볼륨법 05
반폭으로 접고 좌우 양쪽을
뒤로 넘기는 방법

목련으로 만들어본다. 【도안은 168쪽 참고】

1 목련의 꽃잎 도안 대 8장, 중 8장,
　 소 8장을 준비한다.

2 꽃잎을 반폭으로 접는다.

3 꽃잎의 오른쪽을 곧은자를 사용하여
　 뒤로 넘긴다.

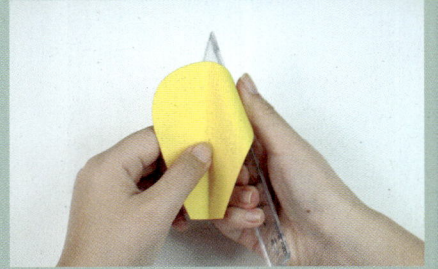

꽃잎의 왼쪽도 곧은자를 사용하여 뒤로 넘긴다.

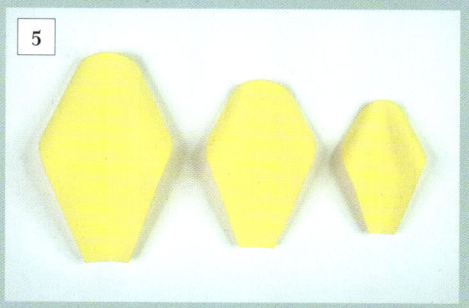

꽃잎 대 8장, 중 8장, 소 8장 모두 2~4를 반복하여 볼륨을 넣는다.

꽃잎의 아랫부분 가운데에서 작은 구멍이 있는 곳까지 가위로 자른다.

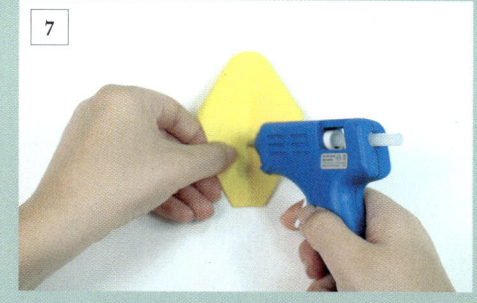

가위로 자른 부분의 왼쪽에 글루건을 세로로 길게 쏘아준다.

꽃잎 아랫부분의 왼쪽 끝과 오른쪽 끝이 가운데에서 뾰족하게 서로 만나도록 교차하여 붙인다.

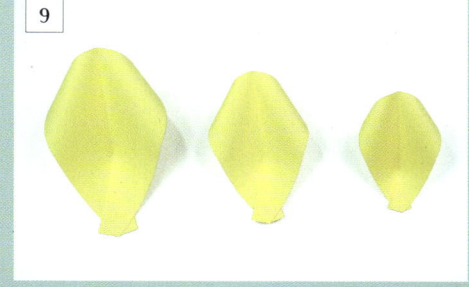

꽃잎 대 8장, 중 8장, 소 8장 모두 6~8을 반복하여 꽃잎 모양을 만든다.

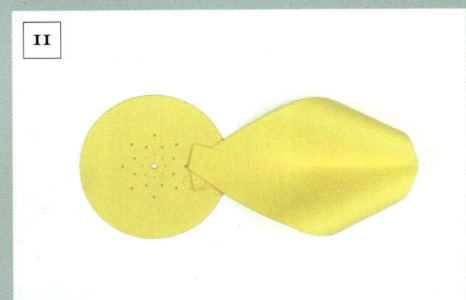

원판 A에 있는 구멍 중 가장 바깥쪽에 있는
구멍에서 원판 끝까지 글루건을 쏘아준다.

꽃잎 대 1장을 원판 A의 가장 바깥쪽
구멍에 맞춰서 붙인다.

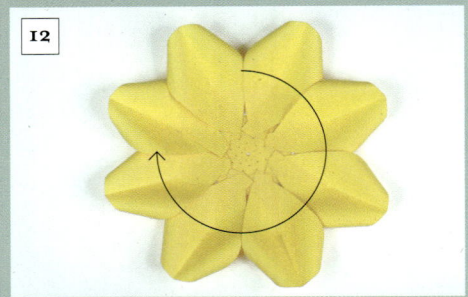

꽃잎 대 8장을 시계방향으로 붙인다.
이때 8번째 꽃잎은 1번째 꽃잎의 밑으로
들어가도록 붙인다.

꽃잎 중과 소는 글루건을 원판 A가 아닌
꽃잎 아랫부분에 세로로 쏘아준다.

꽃잎 중 1장을 꽃잎 대와 대 사이에,
원판 A의 중간 줄 구멍에 맞춰서 붙인다.

꽃잎 중 8장을 시계방향으로 붙인다.
이때 8번째 꽃잎은 1번째 꽃잎의 밑으로
들어가도록 붙인다.

꽃잎 소 1장을 꽃잎 중과 중 사이에,
원판 A의 안쪽 구멍에 맞춰서 붙인다.

꽃잎 소 8장을 시계방향으로 붙인다.
이때 8번째 꽃잎은 1번째 꽃잎의 밑으로
들어가도록 붙인다.

꽃술의 철사를 꽃 가운데 구멍으로
통과시켜 꽃술을 넣는다.

꽃 뒷면에서 꽃술의 철사를 양쪽으로
당긴 후 원판 A 밖으로 튀어나오지
않게 자른다. 원판 A의 테두리와 철사에
글루건을 쏘아주고 원판 B를 붙인다.

06

볼륨법 06

반폭으로 접고 오른쪽 위를
뒤로 넘긴 다음 뒤집어서
다시 오른쪽 위를 뒤로 넘기는 방법

장미로 만들어본다. 【도안은 187쪽 참고】

1 장미의 꽃잎 도안 대 5장, 중 5장, 소
   5장을 준비한다.

2 꽃잎을 반폭으로 접는다.

3 꽃잎의 오른쪽 위를 곧은자를
   사용하여 뒤로 넘긴다.

4

꽃잎을 뒤집어서 또 오른쪽 위를 뒤로
넘긴다.

5

꽃잎 대 5장, 중 5장, 소 5장 모두 2~4를
반복하여 볼륨을 넣는다.

6

꽃잎의 아랫부분 가운데에서 작은 구멍이
있는 곳까지 가위로 자른다.

7

가위로 자른 부분의 왼쪽에 글루건을
세로로 길게 쏘아준다.

8

꽃잎 아랫부분의 왼쪽 끝과 오른쪽 끝이
가운데에서 뾰족하게 서로 만나도록
교차하여 붙인다.

9

꽃잎 대 5장, 중 5장, 소 5장 모두 6~8을
반복하여 꽃잎 모양을 만든다.

원판 A에 있는 구멍 중 가장 바깥쪽에 있는
구멍에서 원판 끝까지 글루건을 쏘아준다.

꽃잎 대 1장을 원판 A의 가장 바깥쪽
구멍에 맞춰서 붙인다.

꽃잎 대 5장을 시계방향으로 붙인다.
이때 5번째 꽃잎은 1번째 꽃잎의 밑으로
들어가도록 붙인다.

꽃잎 중과 소는 글루건을 원판 A가 아닌
꽃잎 아랫부분에 세로로 쏘아준다.

꽃잎 중 1장을 꽃잎 대와 대 사이에,
원판 A의 중간 줄 구멍에 맞춰서 붙인다.

꽃잎 중 5장을 시계방향으로 붙인다.
이때 5번째 꽃잎은 1번째 꽃잎의 밑으로
들어가도록 붙인다.

꽃잎 소 1장을 꽃잎 중과 중 사이에,
원판 A의 안쪽 구멍에 맞춰서 붙인다.

꽃잎 소 5장을 시계방향으로 붙인다.
이때 5번째 꽃잎은 1번째 꽃잎의 밑으로
들어가도록 붙인다.

꽃술의 철사를 꽃 가운데 구멍으로
통과시켜 꽃술을 넣는다.

꽃 뒷면에서 꽃술의 철사를 양쪽으로 당긴
후 원판 A 밖으로 튀어나오지 않게 자른다.
원판 A의 테두리와 철사에 글루건을
쏘아주고 원판 B를 붙인다.

07

볼륨법 07
좌우 양쪽 모두 뒤로 넘기는 방법

은방울꽃으로 만들어본다. 【도안은 206쪽 참고】

1 은방울꽃의 꽃잎 도안 대 6장, 중 6장, 소 6장을 준비한다.

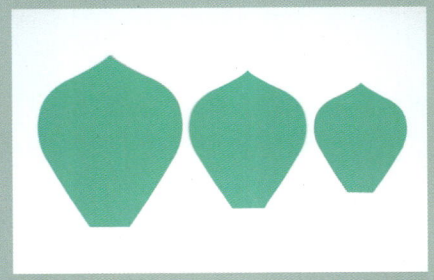

2 꽃잎의 오른쪽을 곧은자를 사용하여 뒤로 넘긴다.

3 꽃잎의 왼쪽도 뒤로 넘긴다.

꽃잎 대 6장, 중 6장, 소 6장 모두 2~3을
반복하여 볼륨을 넣는다.

꽃잎의 아랫부분 가운데에서 작은 구멍이
있는 곳까지 가위로 자른다.

가위로 자른 부분의 왼쪽에 글루건을
세로로 길게 쏘아준다.

꽃잎 아랫부분의 왼쪽 끝과 오른쪽 끝이
가운데에서 뾰족하게 서로 만나도록
교차하여 붙인다.

꽃잎 대 6장, 중 6장, 소 6장 모두 5~7을
반복하여 꽃잎 모양을 만든다.

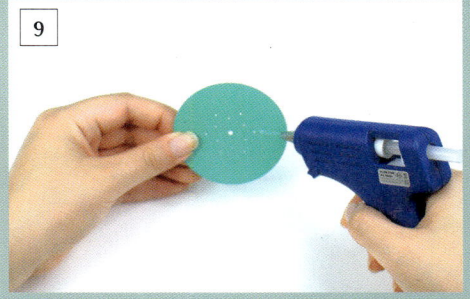

원판 A에 있는 구멍 중 가장 바깥쪽에
있는 구멍에서 원판 끝까지 글루건을
쏘아준다.

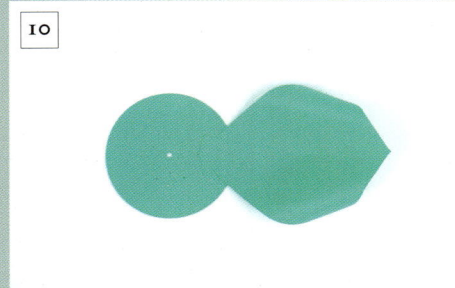

꽃잎 대 1장을 원판 A의 가장 바깥쪽
구멍에 맞춰서 붙인다.

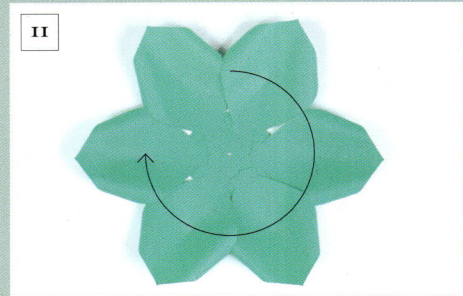

꽃잎 대 6장을 시계방향으로 붙인다.
이때 6번째 꽃잎은 1번째 꽃잎의 밑으로
들어가도록 붙인다.

꽃잎 중과 소는 글루건을 원판 A가 아닌
꽃잎 아랫부분에 세로로 쏘아준다.

꽃잎 중 1장을 꽃잎 대와 대 사이에,
원판 A의 중간 줄 구멍에 맞춰서 붙인다.

꽃잎 중 6장을 시계방향으로 붙인다.
이때 6번째 꽃잎은 1번째 꽃잎의 밑으로
들어가도록 붙인다.

꽃잎 소 1장을 꽃잎 중과 중 사이에,
원판 A의 안쪽 구멍에 맞춰서 붙인다.

Part 1 | Basics 종이꽃 만들기의 기초

꽃잎 소 6장을 시계방향으로 붙인다.
이때 6번째 꽃잎은 1번째 꽃잎의 밑으로
들어가도록 붙인다.

꽃술의 철사를 꽃 가운데 구멍으로
통과시켜 꽃술을 넣는다.

꽃 뒷면에서 꽃술의 철사를 양쪽으로 당긴
후 원판 A 밖으로 튀어나오지 않게 자른다.
원판 A의 테두리와 철사에 글루건을
쏘아주고 원판 B를 붙인다.

08

볼륨법 08
오른쪽 위를 뒤로 넘기고 뒤집어서
오른쪽 위를 뒤로 넘기는 방법

작약으로 만들어본다. 【도안은 225쪽 참고】

1 작약의 꽃잎 도안 대 6장, 중 6장, 소 6장을 준비한다.

2 꽃잎의 오른쪽 위를 곧은자를 사용하여 뒤로 넘긴다.

3 꽃잎을 뒤집어서 또 오른쪽 위를 뒤로 넘긴다.

꽃잎 대 6장, 중 6장, 소 6장 모두 **2~3**을 반복하여 볼륨을 넣는다.

꽃잎의 아랫부분 가운데에서 작은 구멍이 있는 곳까지 가위로 자른다.

가위로 자른 부분의 왼쪽에 글루건을 세로로 길게 쏘아준다.

꽃잎 아랫부분의 왼쪽 끝과 오른쪽 끝이 가운데에서 뾰족하게 서로 만나도록 교차하여 붙인다.

꽃잎 대 6장, 중 6장, 소 6장 모두 **5~7**을 반복하여 꽃잎 모양을 만든다.

원판 A에 있는 구멍 중 가장 바깥쪽에 있는 구멍에서 원판 끝까지 글루건을 쏘아준다.

꽃잎 대 1장을 원판 A의 가장 바깥쪽
구멍에 맞춰서 붙인다.

꽃잎 대 6장을 시계방향으로 붙인다.
이때 6번째 꽃잎은 1번째 꽃잎의 밑으로
들어가도록 붙인다.

꽃잎 중과 소는 글루건을 원판 A가 아닌
꽃잎 아랫부분에 세로로 쏘아준다.

꽃잎 중 1장을 꽃잎 대와 대 사이에,
원판 A의 중간 줄 구멍에 맞춰서 붙인다.

꽃잎 중 6장을 시계방향으로 붙인다.
이때 6번째 꽃잎은 1번째 꽃잎의 밑으로
들어가도록 붙인다.

꽃잎 소 1장을 꽃잎 중과 중 사이에,
원판 A의 안쪽 구멍에 맞춰서 붙인다.

꽃잎 소 6장을 시계방향으로 붙인다.
이때 6번째 꽃잎은 1번째 꽃잎의 밑으로
들어가도록 붙인다.

꽃술의 철사를 꽃 가운데 구멍으로
통과시켜 꽃술을 넣는다.

꽃 뒷면에서 꽃술의 철사를 양쪽으로 당긴
후 원판 A 밖으로 튀어나오지 않게 자른다.
원판 A의 테두리와 철사에 글루건을
쏘아주고 원판 B를 붙인다.

09

볼륨법 09
좌우 양쪽을 뒤로 넘기고
위쪽도 뒤로 넘기는 방법

카틀레야로 만들어본다. 【도안은 244쪽 참고】

 1 　카틀레야의 꽃잎 도안 대 6장, 중
　　 6장, 소 6장을 준비한다.

 2 　꽃잎의 오른쪽을 곧은자를 사용하여
　　 뒤로 넘긴다.

 3 　꽃잎의 왼쪽도 뒤로 넘긴다.

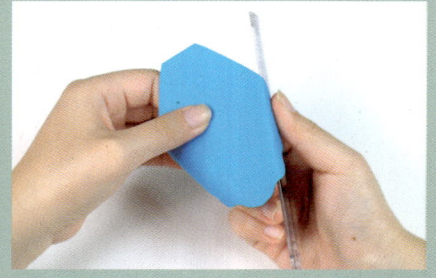

꽃잎의 위쪽은 조금만 뒤로 넘긴다.

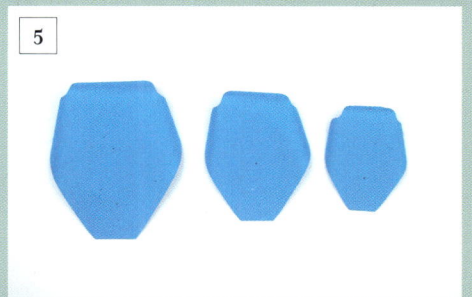

꽃잎 대 6장, 중 6장, 소 6장 모두 2~4를
반복하여 볼륨을 넣는다.

꽃잎의 아랫부분 가운데에서 작은 구멍이
있는 곳까지 가위로 자른다.

가위로 자른 부분의 왼쪽에 글루건을
세로로 길게 쏘아준다.

꽃잎 아랫부분의 왼쪽 끝과 오른쪽 끝이
가운데에서 뾰족하게 서로 만나도록
교차하여 붙인다.

꽃잎 대 6장, 중 6장, 소 6장 모두 6~8을
반복하여 꽃잎 모양을 만든다.

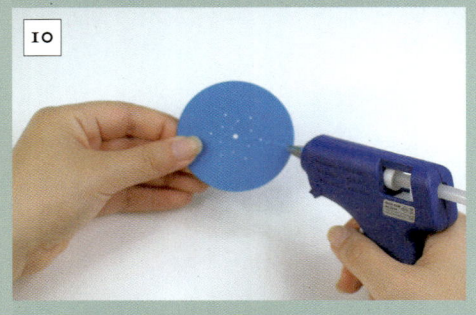

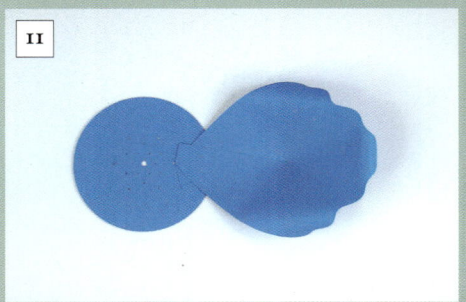

원판 A에 있는 구멍 중 가장 바깥쪽에 있는
구멍에서 원판 끝까지 글루건을 쏘아준다.

꽃잎 대 1장을 원판 A의 가장 바깥쪽
구멍에 맞춰서 붙인다.

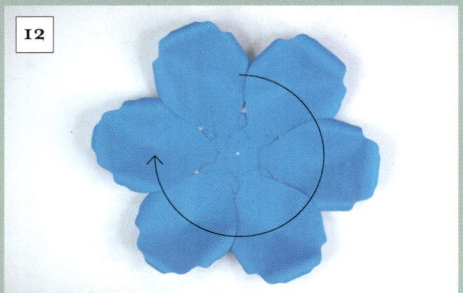

꽃잎 대 6장을 시계방향으로 붙인다.
이때 6번째 꽃잎은 1번째 꽃잎의 밑으로
들어가도록 붙인다.

꽃잎 중과 소는 글루건을 원판 A가 아닌
꽃잎 아랫부분에 세로로 쏘아준다.

꽃잎 중 1장을 꽃잎 대와 대 사이에,
원판 A의 중간 줄 구멍에 맞춰서 붙인다.

꽃잎 중 6장을 시계방향으로 붙인다.
이때 6번째 꽃잎은 1번째 꽃잎의 밑으로
들어가도록 붙인다.

꽃잎 소 1장을 꽃잎 중과 중 사이에,
원판 A의 안쪽 구멍에 맞춰서 붙인다.

꽃잎 소 6장을 시계방향으로 붙인다.
이때 6번째 꽃잎은 1번째 꽃잎의 밑으로
들어가도록 붙인다.

꽃술의 철사를 꽃 가운데 구멍으로
통과시켜 꽃술을 넣는다.

꽃 뒷면에서 꽃술의 철사를 양쪽으로 당긴
후 원판 A 밖으로 튀어나오지 않게 자른다.
원판 A의 테두리와 철사에 글루건을
쏘아주고 원판 B를 붙인다.

볼륨법 10
좌우 양쪽을 뒤로 넘기고
위쪽은 앞으로 넘기는 방법

아네모네로 만들어본다. 【도안은 263쪽 참고】

1. 아네모네의 꽃잎 도안 대 6장,
   중 6장, 소 6장을 준비한다.

2. 꽃잎의 오른쪽을 곧은자를 사용하여
   뒤로 넘긴다.

3. 꽃잎의 왼쪽도 뒤로 넘긴다.

4 꽃잎을 뒤집어서 꽃잎의 위쪽은
앞으로 조금만 넘긴다.

5 꽃잎 대 6장, 중 6장, 소 6장 모두
2~4를 반복하여 볼륨을 넣는다.

6 꽃잎의 아랫부분 가운데에서 작은
구멍이 있는 곳까지 가위로 자른다.

7 가위로 자른 부분의 왼쪽에
글루건을 세로로 길게 쏘아준다.

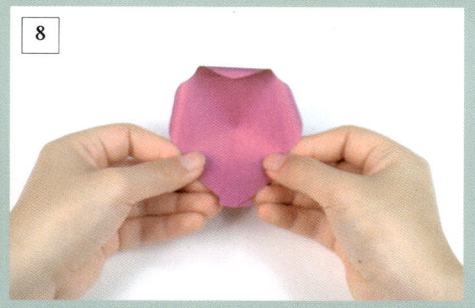

8

꽃잎 아랫부분의 왼쪽 끝과 오른쪽 끝이
가운데에서 뾰족하게 서로 만나도록
교차하여 붙인다.

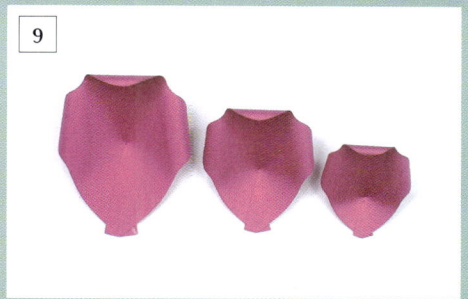

9

꽃잎 대 6장, 중 6장, 소 6장 모두 6~8을
반복하여 꽃잎 모양을 만든다.

10

원판 A에 있는 구멍 중 가장 바깥쪽에
있는 구멍에서 원판 끝까지 글루건을
쏘아준다.

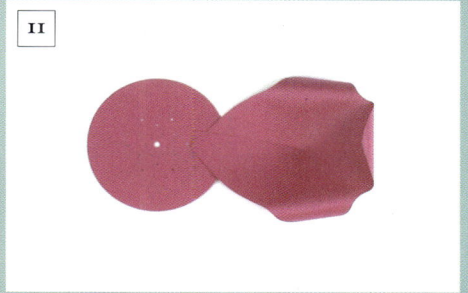

11

꽃잎 대 1장을 원판 A의 가장 바깥쪽
구멍에 맞춰서 붙인다.

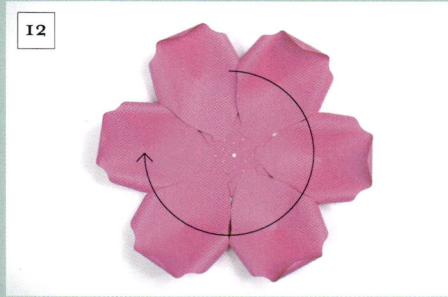

12

꽃잎 대 6장을 시계방향으로 붙인다.
이때 6번째 꽃잎은 1번째 꽃잎의 밑으로
들어가도록 붙인다.

13

꽃잎 중과 소는 글루건을 원판 A가 아닌
꽃잎 아랫부분에 세로로 쏘아준다.

14 꽃잎 중 1장을 꽃잎 대와 대 사이에,
원판 A의 중간 줄 구멍에 맞춰서
붙인다.

15 꽃잎 중 6장을 시계방향으로 붙인다.
이때 6번째 꽃잎은 1번째 꽃잎의
밑으로 들어가도록 붙인다.

16 꽃잎 소 1장을 꽃잎 중과 중 사이에,
원판 A의 안쪽 구멍에 맞춰서
붙인다.

17 꽃잎 소 6장을 시계방향으로 붙인다.
이때 6번째 꽃잎은 1번째 꽃잎의
밑으로 들어가도록 붙인다.

꽃술의 철사를 꽃 가운데 구멍으로
통과시켜 꽃술을 넣는다.

꽃 뒷면에서 꽃술의 철사를 양쪽으로 당긴
후 원판 A 밖으로 튀어나오지 않게 자른다.
원판 A의 테두리와 철사에 글루건을
쏘아주고 원판 B를 붙인다.

종이꽃 꽃술 만들기

만들어놓은 꽃들의 도안과 볼륨법이
모두 같다고 해도 꽃 중심에 들어가는
꽃술에 따라 느낌이 달라진다.
각각의 꽃마다 다른 꽃술을 사용하여
다양한 분위기의 꽃을 연출해보자.

채썰기 볼록 꽃술

꽃술 도안은 4×38cm로 준비한다.

꽃술 도안 4×38cm를 반폭으로 접는다. 2×38cm가 된다.

도안을 펴서 오른쪽 끝부분에 풀을 칠한 후 접어 붙인다.

✽ 꽃술을 말아줄 때 편리하고 꽃술 모양이 예뻐진다.

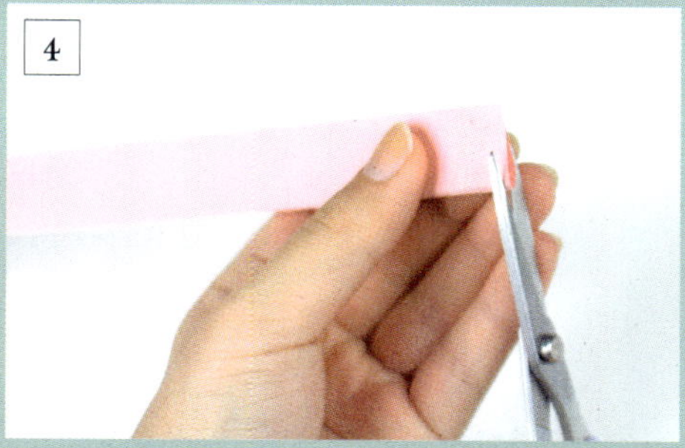

접힌 부분을 가위로 채썰기 한다.

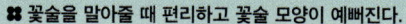

아랫부분 5mm는 남기고 계속 채썰기 한다.

철사(#27)를 반으로 완전히 접는다. 가위를 사용하여 콕 집어주면 쉽다.

철사를 살짝 펼쳐서 채썰기 한 꽃술
끝부분에 끼운다.

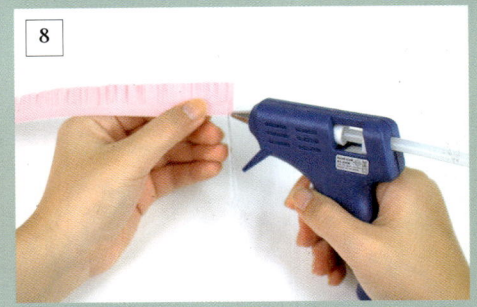

꽃술 아래쪽 5mm 부분에 글루건을
조금 쏘아서 돌돌 말아준다.

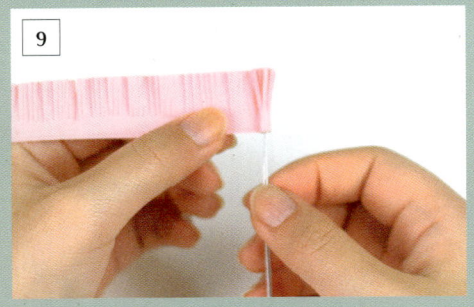

글루건은 금방 굳으니 조금씩 쏘아서
굳기 전에 말아준다. 끝까지 모두
말아준다.

채썰기 한 꽃술을 바깥쪽부터 펼친다.

돌려가며 안쪽까지 펼친다.

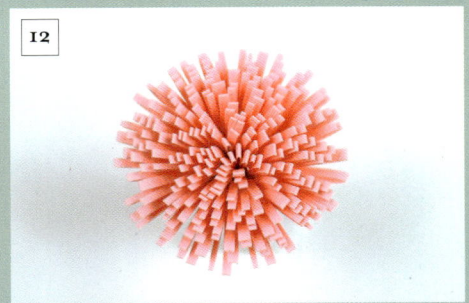

모두 펼친다.

13

측면에서 보면 볼록한 꽃술이다.

14

꽃술의 철사를 꽃 가운데에 넣는다.

15

꽃과 조립하면 완성!

Tip **햇살 무늬 꽃술 추가**

햇살 무늬 도안의 가운데 구멍에 완성한 꽃술의 철사를 통과시킨 후 꽃잎 가운데에 넣으면 된다. 꽃술이 한층 풍성해져서 더 예쁜 꽃으로 만들 수 있다.

채썰기 오목 꽃술

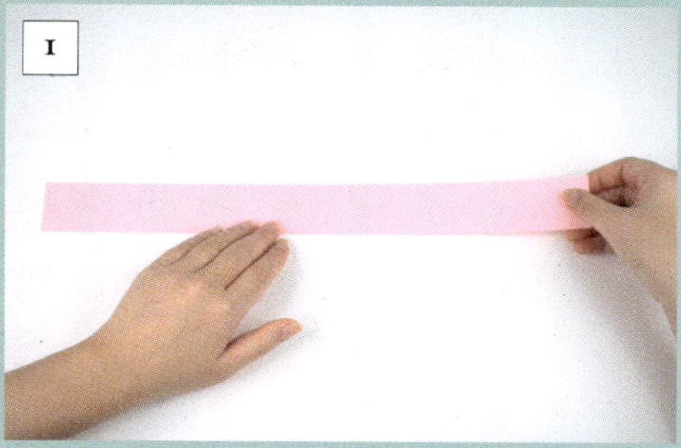

꽃술 도안은 4×38cm로 준비한다.

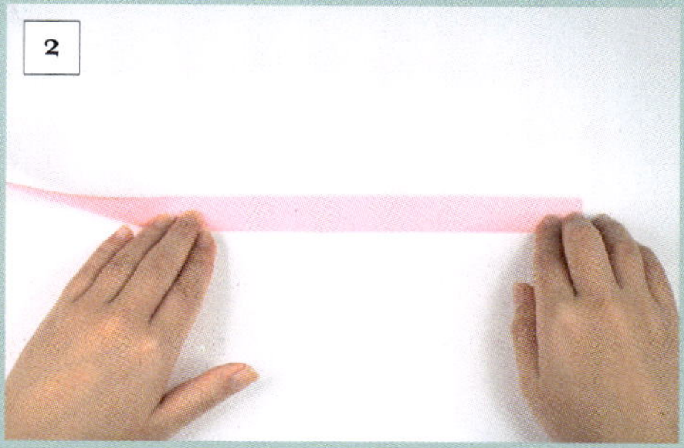

꽃술 도안 4×38cm를 반폭으로 접는다. 2×38cm가 된다.

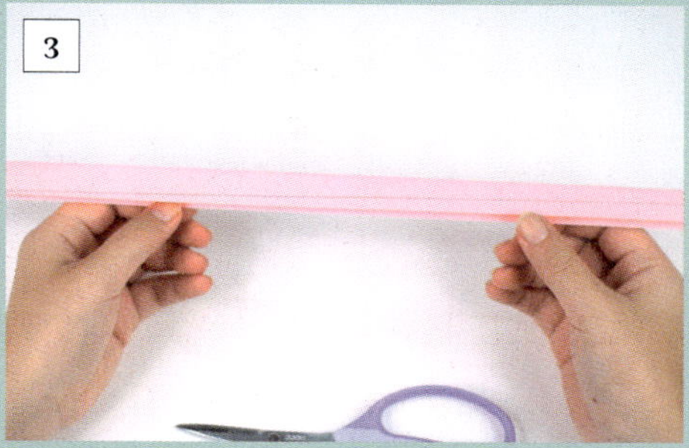

왼쪽은 2cm, 오른쪽은 1cm만 사용하도록 선을 비스듬하게 그린다.

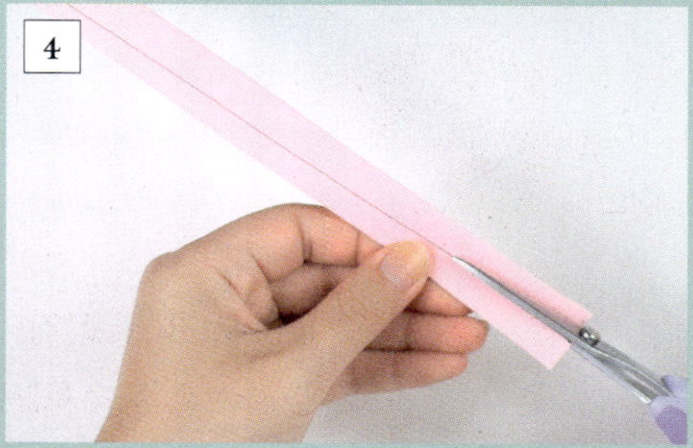

그린 선을 따라 가위로 자른다. 이때 볼펜선이 남지 않게 한다.

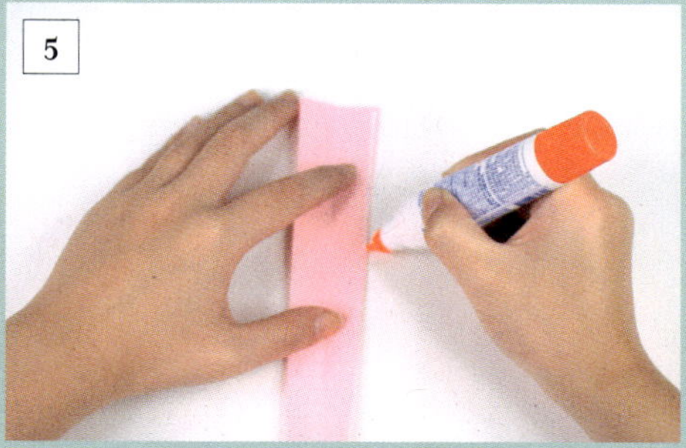

도안을 펴서 오른쪽 끝부분에 풀을 칠한 후 접어 붙인다.

✤ 꽃술을 말아줄 때 편리하고 꽃술 모양이 예뻐진다.

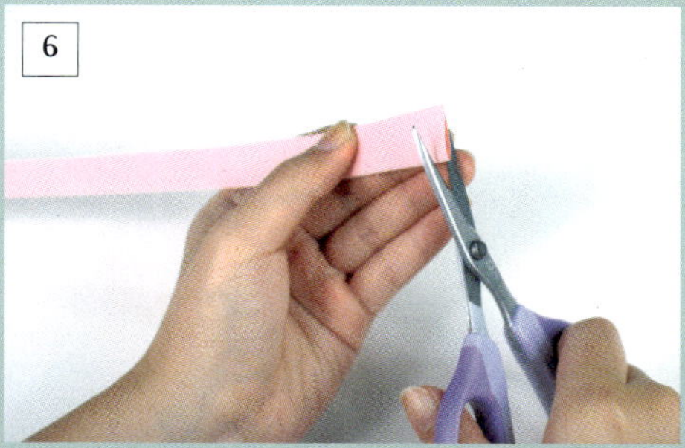

접힌 부분을 가위로 채썰기 한다.

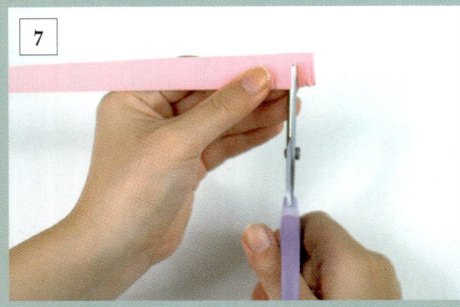

7

아랫부분 5mm는 남기고 계속 채썰기
한다.

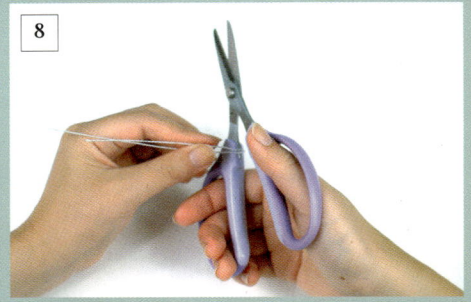

8

철사(#27)를 반으로 완전히 접는다.
가위를 사용하여 콕 집어주면 쉽다.

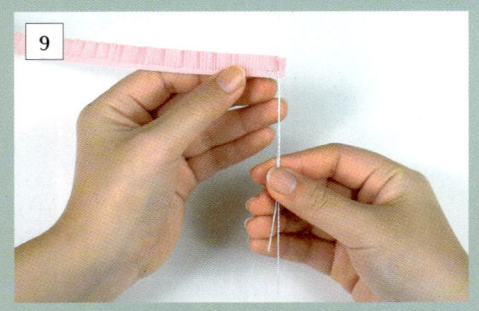

9

철사를 살짝 펼쳐서 채썰기 한 꽃술 중
낮은 쪽 끝부분에 끼운다.

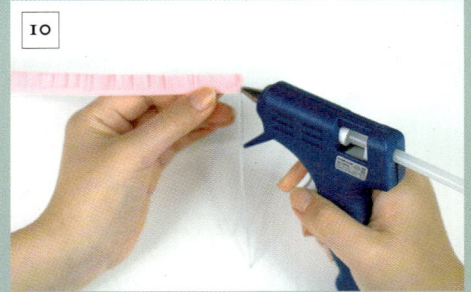

10

꽃술 아래쪽 5mm 부분에 글루건을
조금 쏘아서 돌돌 말아준다. 이때 아래쪽
높이를 맞추면서 말아준다.

11

글루건은 금방 굳으니 조금씩 쏘아서 굳기
전에 말아준다. 채썰기 한 높은 쪽으로
끝까지 모두 말아준다.

12

채썰기 한 꽃술을 바깥쪽부터 안쪽까지
모두 펼친다.

측면에서 보면 오목한 꽃술이다.

꽃술의 철사를 꽃 가운데에 넣는다.

꽃과 조립하면 완성!

채썰기 이단 꽃술

꽃술 도안은 4×38cm로 준비한다.

4×38cm를 반으로 접어서 4×19cm로 만든다.

접힌 부분을 가위로 자른다. 4×19cm가 2개가 된다.

2개 중 1개는 2×19cm가 되도록 반폭으로 접는다.

아랫부분 5mm를 남기고 채썰기 한다.

✂ 71쪽 ⑤ 처럼 풀을 칠해서 붙이고 채썰기 하면 꽃술을 말아줄 때 편리하다.

나머지 1개도 아랫부분 5mm를 남기고 길게 채썰기 한다.

철사(#27)를 반으로 완전히 접는다. 가위를
사용하여 콕 집어주면 쉽다.

철사를 살짝 펼쳐서 처음에 채썰기 한
꽃술 끝부분에 끼운다.

꽃술 아래쪽 5mm 부분에 글루건을
조금씩 쏘면서 말아준다.

끝까지 돌돌돌 말아준다.

길게 채썰기 한 꽃술은 곧은자를 사용하여
뒤로 넘겨준다.

먼저 말아놓은 꽃술 바깥쪽에 긴 꽃술을
돌돌 말아준다.

아래쪽 높이를 맞춰서 끝까지 말아준다.

꽃술의 철사를 꽃 가운데에 넣는다.

꽃과 조립하면 완성!

뾰족썰기 안쪽 볼륨 꽃술

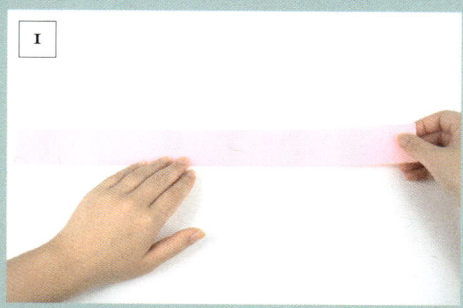

꽃술 도안은 4×38cm로 준비한다.

왼쪽은 4cm, 오른쪽은 2cm만 사용하도록 선을 비스듬하게 그린다.

그린 선을 따라 가위로 자른다. 이때 볼펜선이 남지 않게 한다.

넓은 쪽(4cm)부터 뾰족썰기 한다. 아랫부분 5mm는 남긴다.

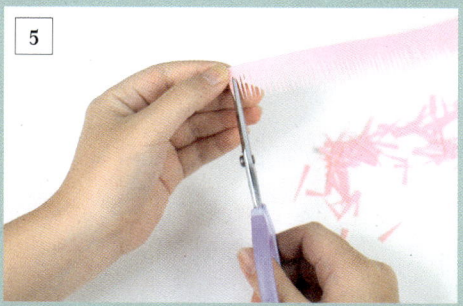

좁은 쪽(2cm)까지 계속 뾰족썰기 한다.

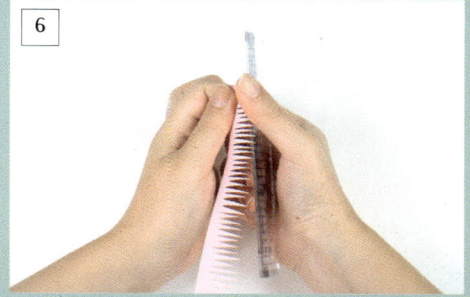

좁은 쪽(2cm)부터 넓은 쪽(4cm)까지 곧은자를 사용하여 뒤로 넘겨준다.

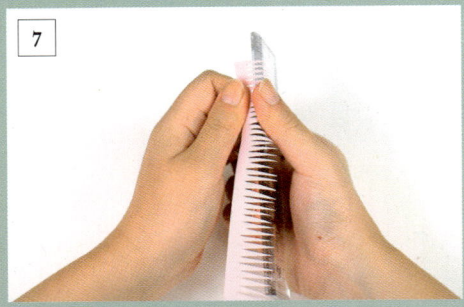

종이를 당기면서 곧은자를 잡은 손목을
돌려주어야 볼륨이 잘 들어간다.

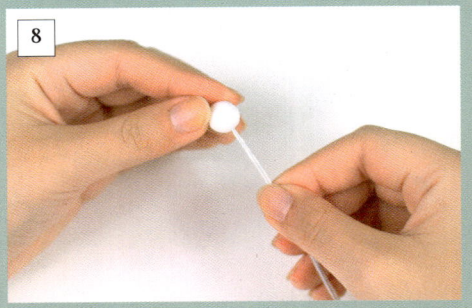

10mm 스티로폼 볼에 철사(#27)를 끼운다.
철사에 글루건을 쏘아서 고정시킨다.

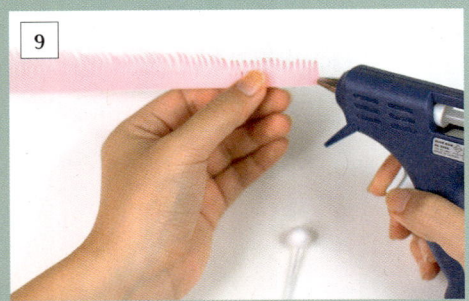

채썰기 한 좁은 쪽(2cm)의 아랫부분에
글루건을 조금 쏘아준다.

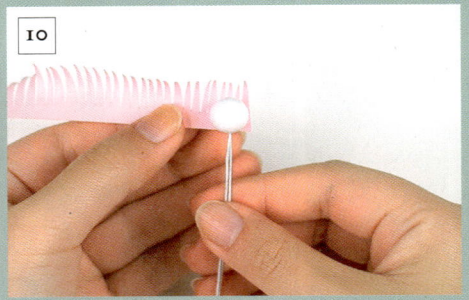

스티로폼 볼을 글루건이 있는 부분에
붙인다.

글루건은 금방 굳으니 조금씩 쏘아주면서
스티로폼 볼이 보이지 않게 끝까지
말아준다.

꽃술을 바깥쪽부터 펼친다.

모두 펼친다.

꽃술의 철사를 꽃 가운데에 넣는다.

꽃과 조립하면 완성!

뾰족썰기 바깥쪽 볼륨 꽃술

꽃술 도안은 4×38cm로 준비한다.

왼쪽은 4cm, 오른쪽은 2cm만 사용하도록 선을 비스듬하게 그린다.

그린 선을 따라 가위로 자른다. 이때 볼펜선이 남지 않게 한다.

넓은 쪽(4cm)부터 뾰족썰기 한다. 아랫부분 5mm는 남긴다.

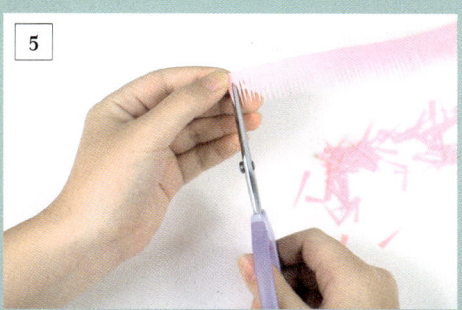

좁은 쪽(2cm)까지 계속 뾰족썰기 한다.

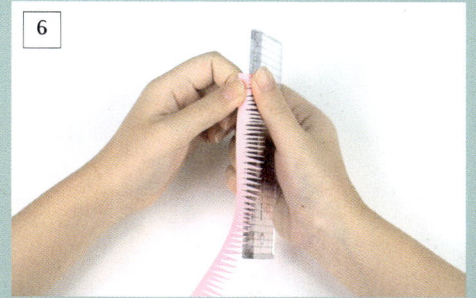

좁은 쪽(2cm)부터 곧은자를 사용하여 볼륨을 넣는다.

종이를 당기면서 곧은자를 잡은 손목을
돌려주어야 볼륨이 잘 들어간다.

7~8cm부분부터는 반대쪽으로 볼륨을
넣는다.

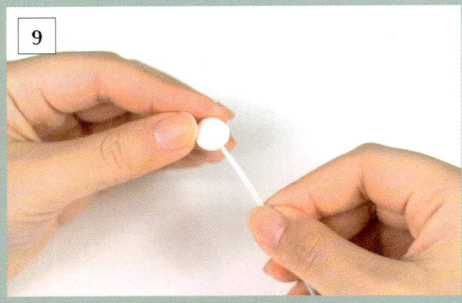

10mm 스티로폼 볼에 철사(#27)를 끼운다.
철사에 글루건을 쏘아서 고정시킨다.

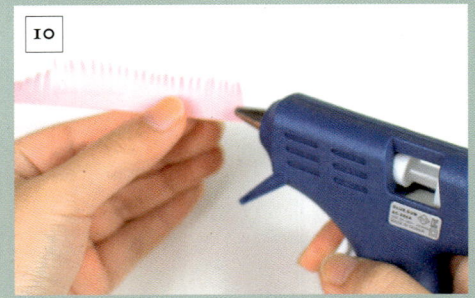

채썰기 한 좁은 쪽(2cm)의 아랫부분에
글루건을 조금 쏘아준다.

스티로폼 볼을 글루건이 있는 부분에
붙인다.

스티로폼 볼이 보이지 않게 말아준다.

글루건은 금방 굳으니 조금씩 쏘아주면서
끝까지 말아준다.

꽃술의 철사를 꽃 가운데에 넣는다.

꽃과 조립하면 완성!

종이꽃 줄기 쉽게 만들기

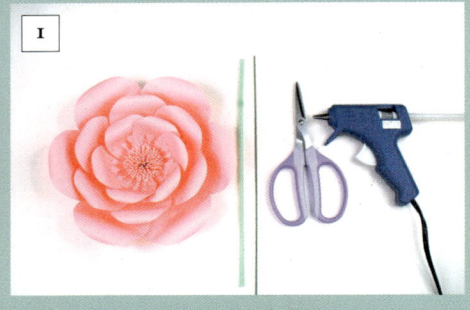

완성한 꽃과 빨대와 철사, 가위, 글루건을 준비한다.

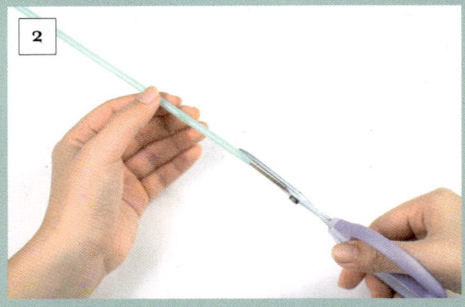

빨대 끝부분에 1cm 가윗집을 사방으로 넣는다.

바깥쪽으로 꺾어서 펼친다.

네 방향으로 모두 펼친다.

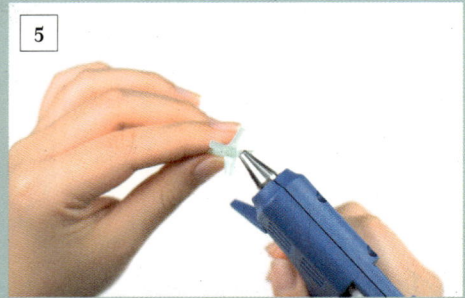

펼친 네 방향에 글루건을 쏘아준다.

꽃 뒷면에 붙인다.

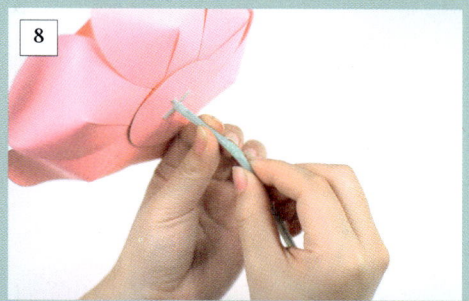

더 튼튼한 줄기로 만들기 위해 철사(#20)를 넣는다.

빨대의 구부러지는 부분을 살짝 꺾어준다.

꽃줄기 완성!

이 책에 있는 종이꽃은 디자이너스칼라(116g)로 만들 때
볼륨이 잘 들어가며 만들기 적당한 사이즈로 구성되었다.
디자이너스칼라 4절 1장으로 꽃 한 송이를 만들 수 있다.
✿ 종이꽃 키트를 사용하면 손쉽게 만들 수 있다
(판매처 www.nesomci.com).

Paper flowers

종이꽃

Peach - blossom
복숭아꽃

볼륨법 01 활용

완성 크기 : 약 18~20cm(볼륨법에 따라 다름)

How to make

【종이꽃 볼륨법 14쪽 참고】

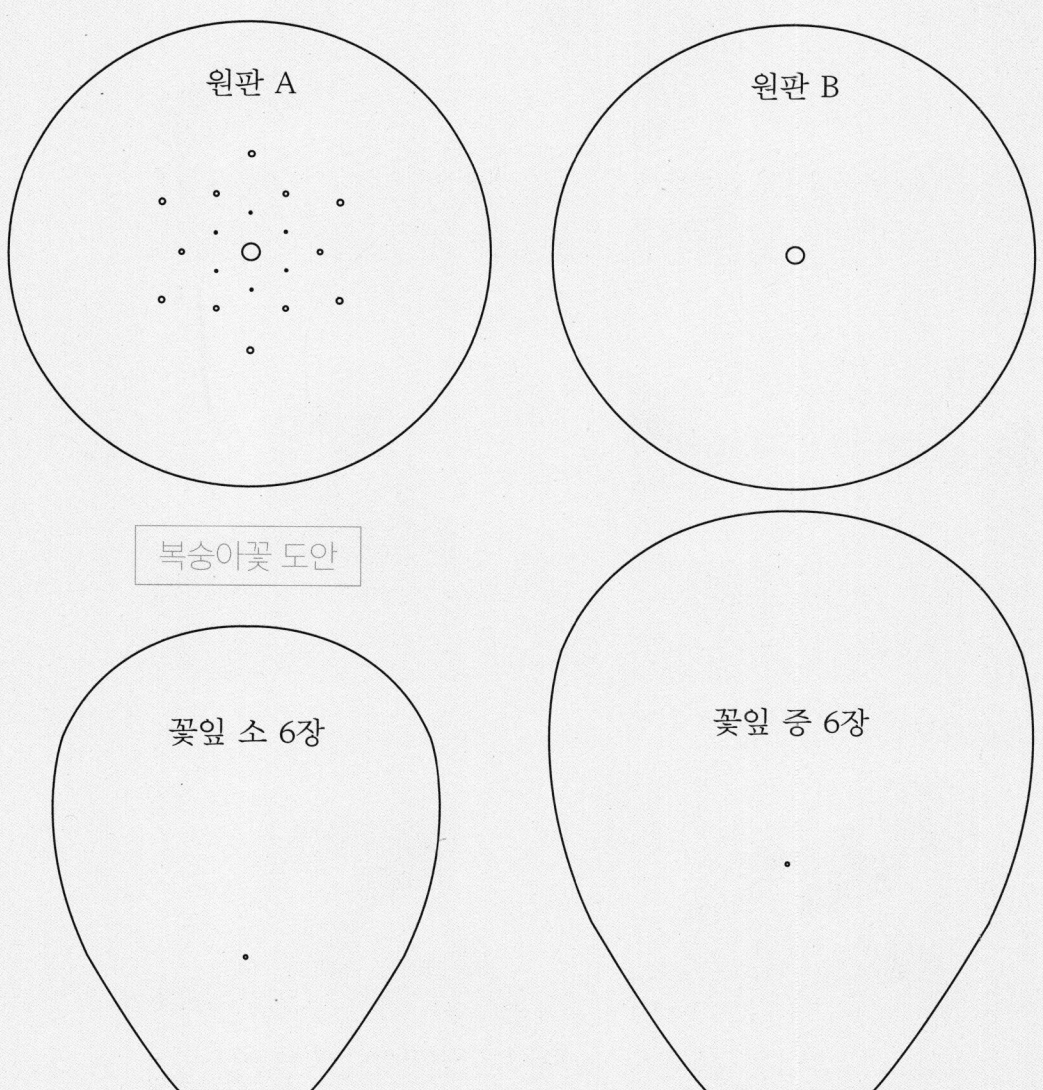

원판 A

원판 B

복숭아꽃 도안

꽃잎 소 6장

꽃잎 중 6장

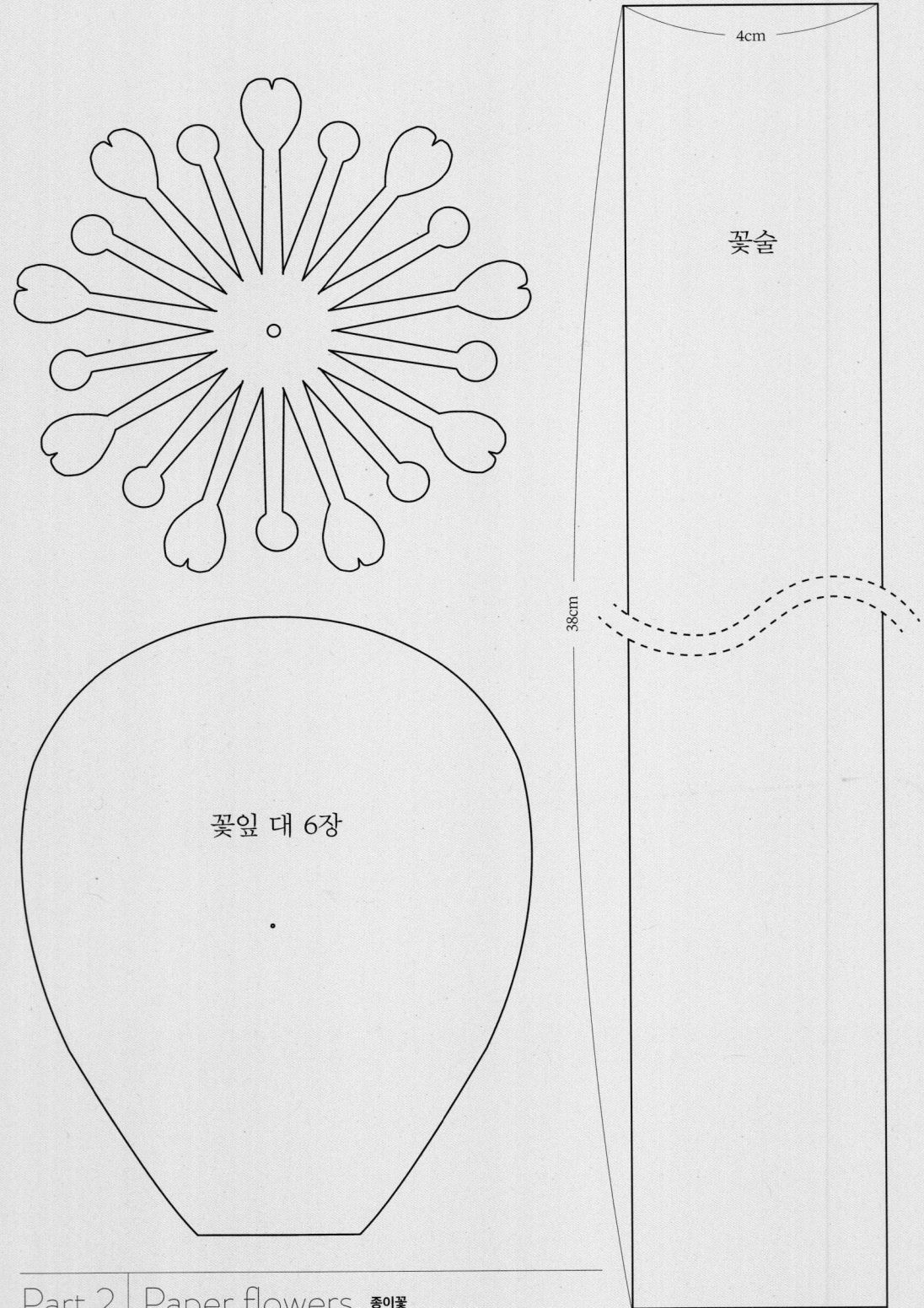

4cm

꽃술

38cm

꽃잎 대 6장

Peach - blossom
복숭아꽃

볼륨법 05 활용

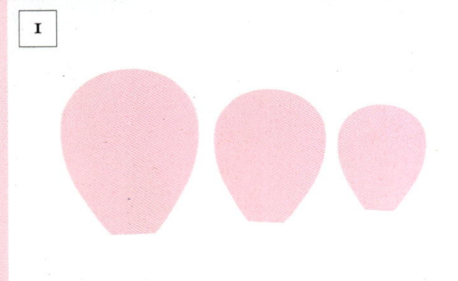

복숭아꽃의 꽃잎 도안 대 6장, 중 6장, 소 6장을 준비한다.

꽃잎을 반쪽으로 접는다.

꽃잎의 오른쪽을 곧은자를 사용하여 뒤로 넘긴다.

꽃잎의 왼쪽도 곧은자를 사용하여 뒤로 넘긴다.

꽃잎 대 6장, 중 6장, 소 6장 모두 **2~4**를
반복하여 볼륨을 넣는다.

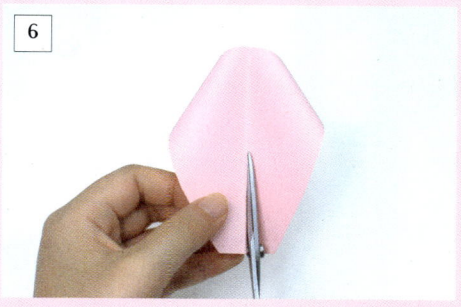

꽃잎의 아랫부툰 가운데에서 작은 구멍이
있는 곳까지 가위로 자른다.

가위로 자른 부분의 왼쪽에 글루건을
세로로 길게 쏘아준다.

꽃잎 아랫부분의 왼쪽 끝과 오른쪽 끝이
가운데에서 뾰족하게 서로 만나도록
교차하여 붙인다.

꽃잎 대 6장, 중 6장, 소 6장 모두 **6~8**을
반복하여 꽃잎 모양을 만든다.

원판 A에 있는 구멍 중 가장 바깥쪽에 있는
구멍에서 원판 끝까지 글루건을 쏘아준다.

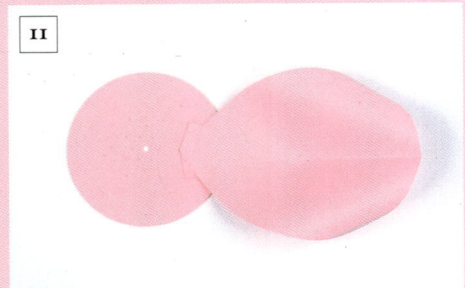

꽃잎 대 1장을 원판 A의 가장 바깥쪽
구멍에 맞춰서 붙인다.

꽃잎 대 6장을 시계방향으로 붙인다.
이때 6번째 꽃잎은 1번째 꽃잎의 밑으로
들어가도록 붙인다.

꽃잎 중과 소는 글루건을 원판 A가 아닌
꽃잎 아랫부분에 세로로 쏘아준다.

꽃잎 중 1장을 꽃잎 대와 대 사이에,
원판 A의 중간 줄 구멍에 맞춰서 붙인다.

꽃잎 중 6장을 시계방향으로 붙인다.
이때 6번째 꽃잎은 1번째 꽃잎의 밑으로
들어가도록 붙인다.

꽃잎 소 1장을 꽃잎 중과 중 사이에,
원판 A의 안쪽 구멍에 맞춰서 붙인다.

꽃잎 소 6장을 시계방향으로 붙인다.
이때 6번째 꽃잎은 1번째 꽃잎의 밑으로
들어가도록 붙인다.

꽃술의 철사를 꽃 가운데 구멍으로
통과시켜 꽃술을 넣는다.

꽃 뒷면에서 꽃술의 철사를 양쪽으로 당긴
후 원판 A 밖으로 튀어나오지 않게 자른다.
원판 A의 테두리와 철사에 글루건을
쏘아주고 원판 B를 붙인다.

Peach - blossom
복숭아꽃

볼륨법 07 활용

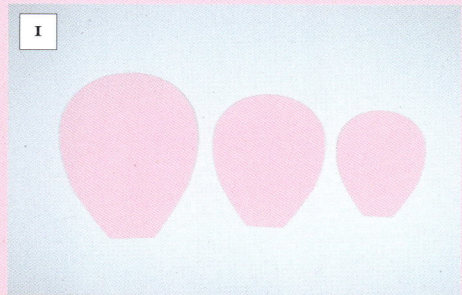

복숭아꽃의 꽃잎 도안 대 6장, 중 6장,
소 6장을 준비한다.

꽃잎의 오른쪽을 곧은자를 사용하여 뒤로
넘긴다.

꽃잎의 왼쪽도 곧은자를 사용하여 뒤로
넘긴다.

꽃잎 대 6장, 중 6장, 소 6장 모두 2~3을
반복하여 볼륨을 넣는다.

IOO

【95쪽 6~19와 같은 방법으로 만든다】

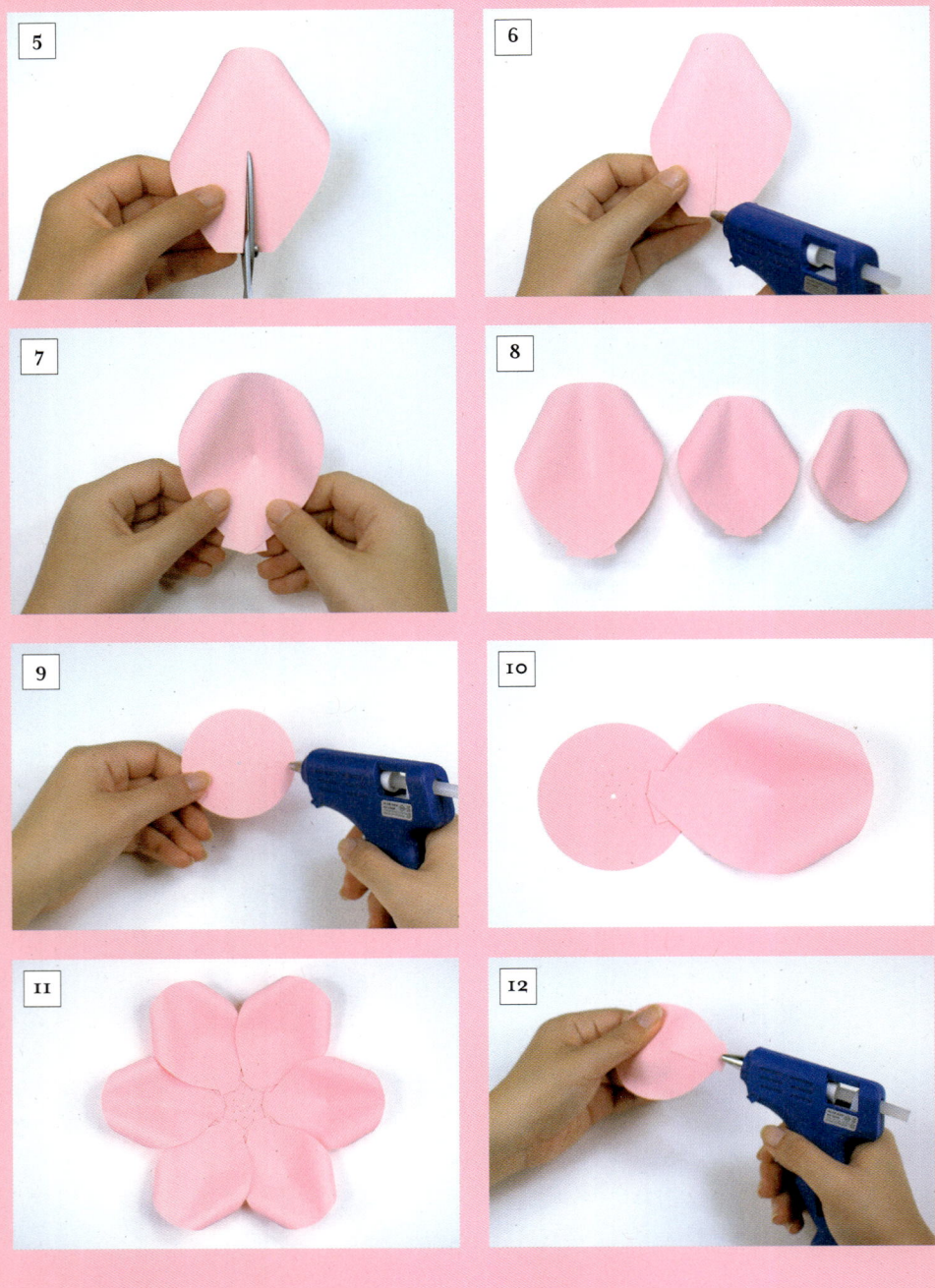

Part 2 | Paper flowers 종이꽃

Peach - blossom
복숭아꽃

볼륨법 08 활용

복숭아꽃의 꽃잎 도안 대 6장, 중 6장, 소 6장을 준비한다.

꽃잎의 오른쪽 위를 곧은자를 사용하여 뒤로 넘긴다.

꽃잎을 뒤집어서 또 오른쪽 위를 뒤로 넘긴다.

꽃잎 대 6장, 중 6장, 소 6장 모두 2~3을 반복하여 볼륨을 넣는다.

【95쪽 6~19와 같은 방법으로 만든다】

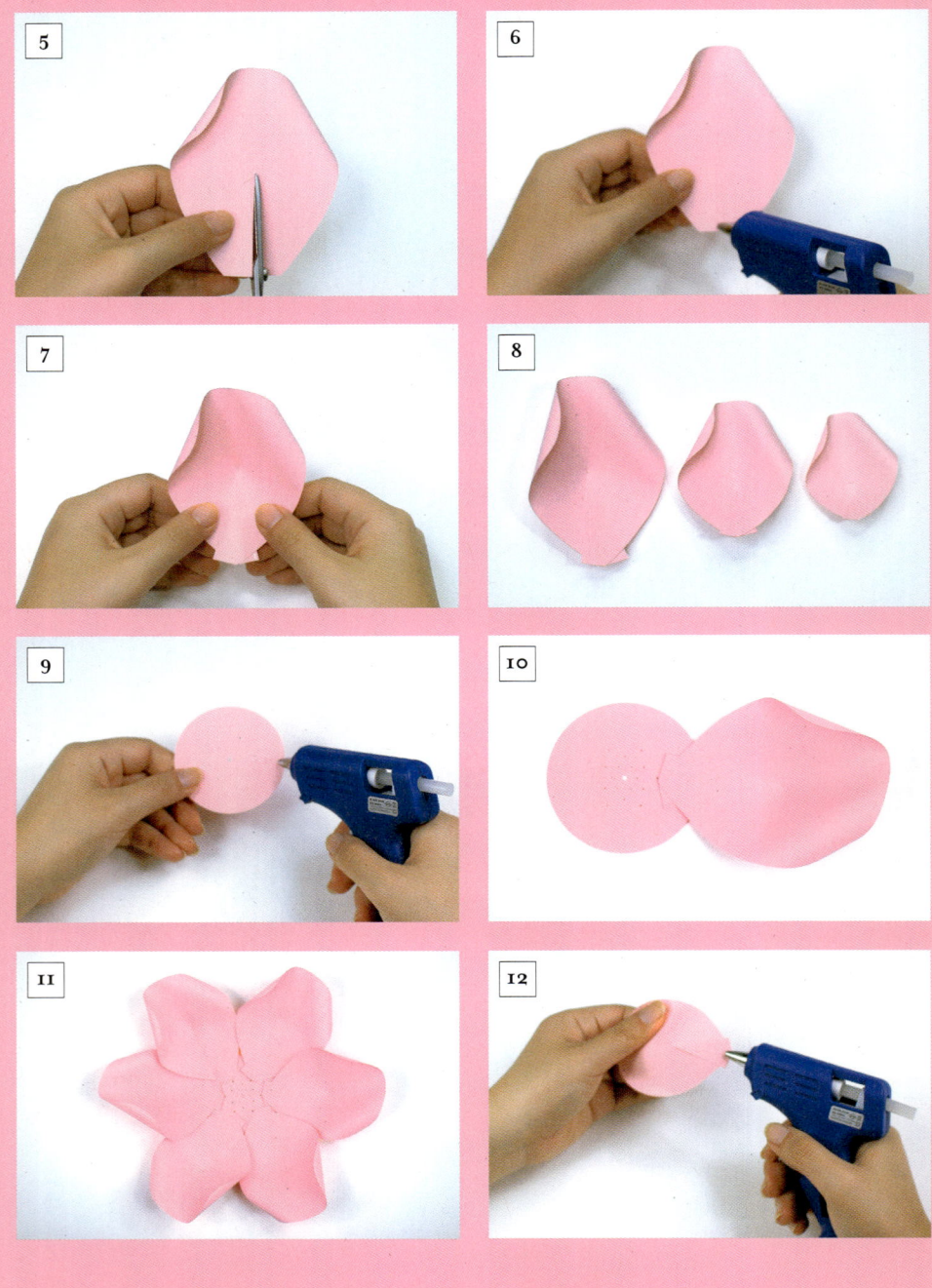

Peach - blossom
복숭아꽃

볼륨법 09 활용

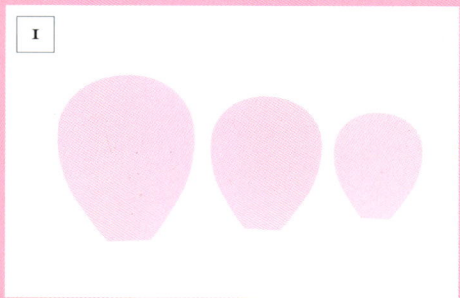

복숭아꽃의 꽃잎 도안 대 6장, 중 6장, 소 6장을 준비한다.

꽃잎의 오른쪽을 곧은자를 사용하여 뒤로 넘긴다.

꽃잎의 왼쪽도 곧은자를 사용하여 뒤로 넘긴다.

꽃잎의 위쪽을 뒤로 조금만 넘긴다.

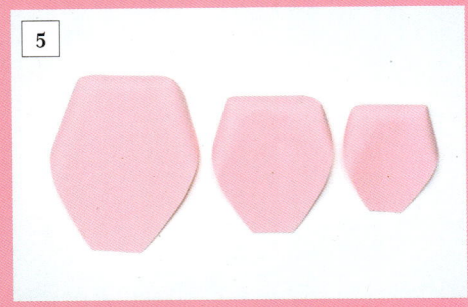

꽃잎 대 6장, 중 6장, 소 6장 모두 2~4를
반복하여 볼륨을 넣는다.

【95쪽 6~19와 같은 방법으로 만든다】

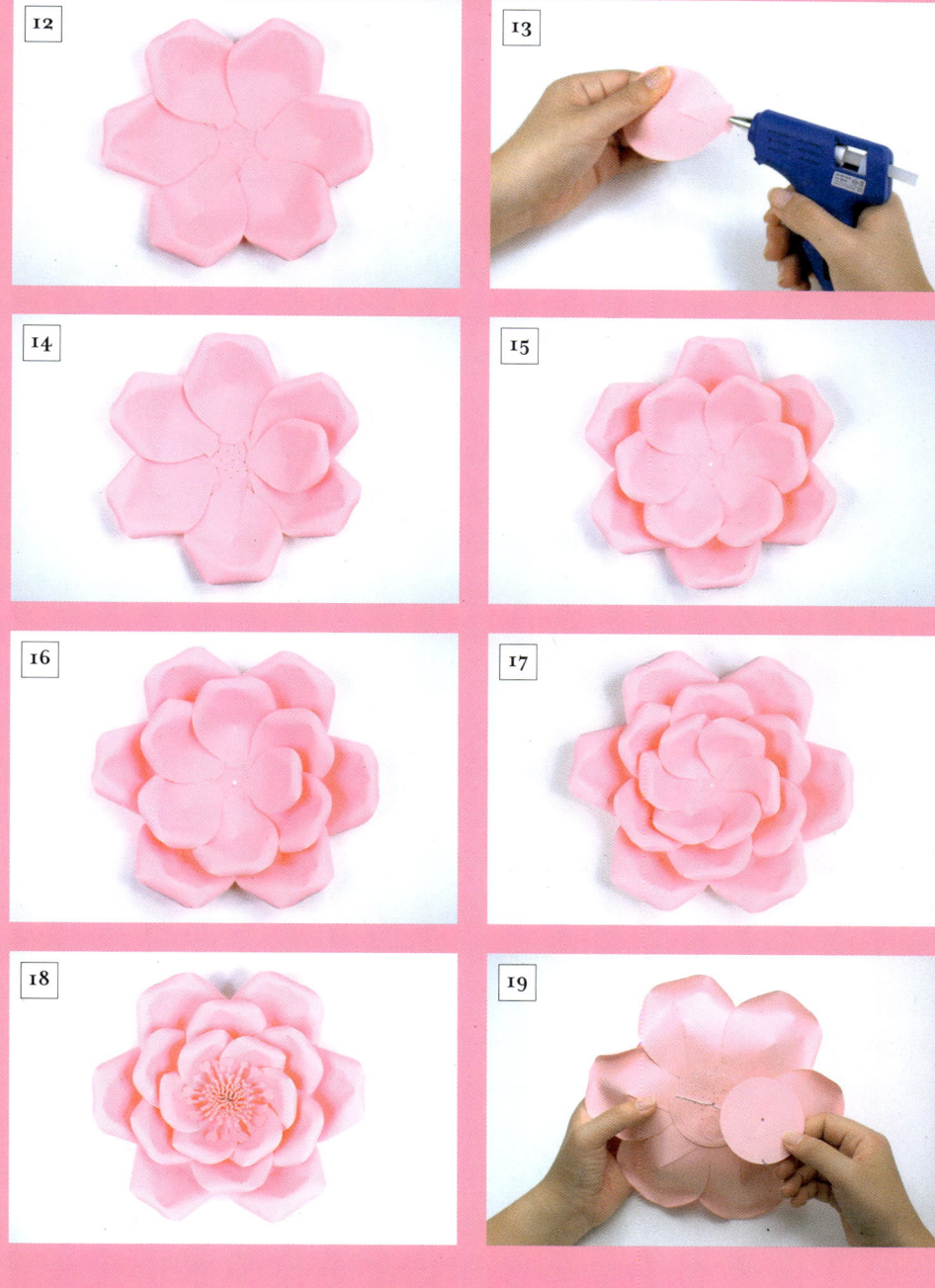

Dahlia
달리아

볼륨법 02 활용

완성 크기 : 약 18~20cm(볼륨법에 따라 다름)

How to make

【종이꽃 볼륨법 19쪽 참고】

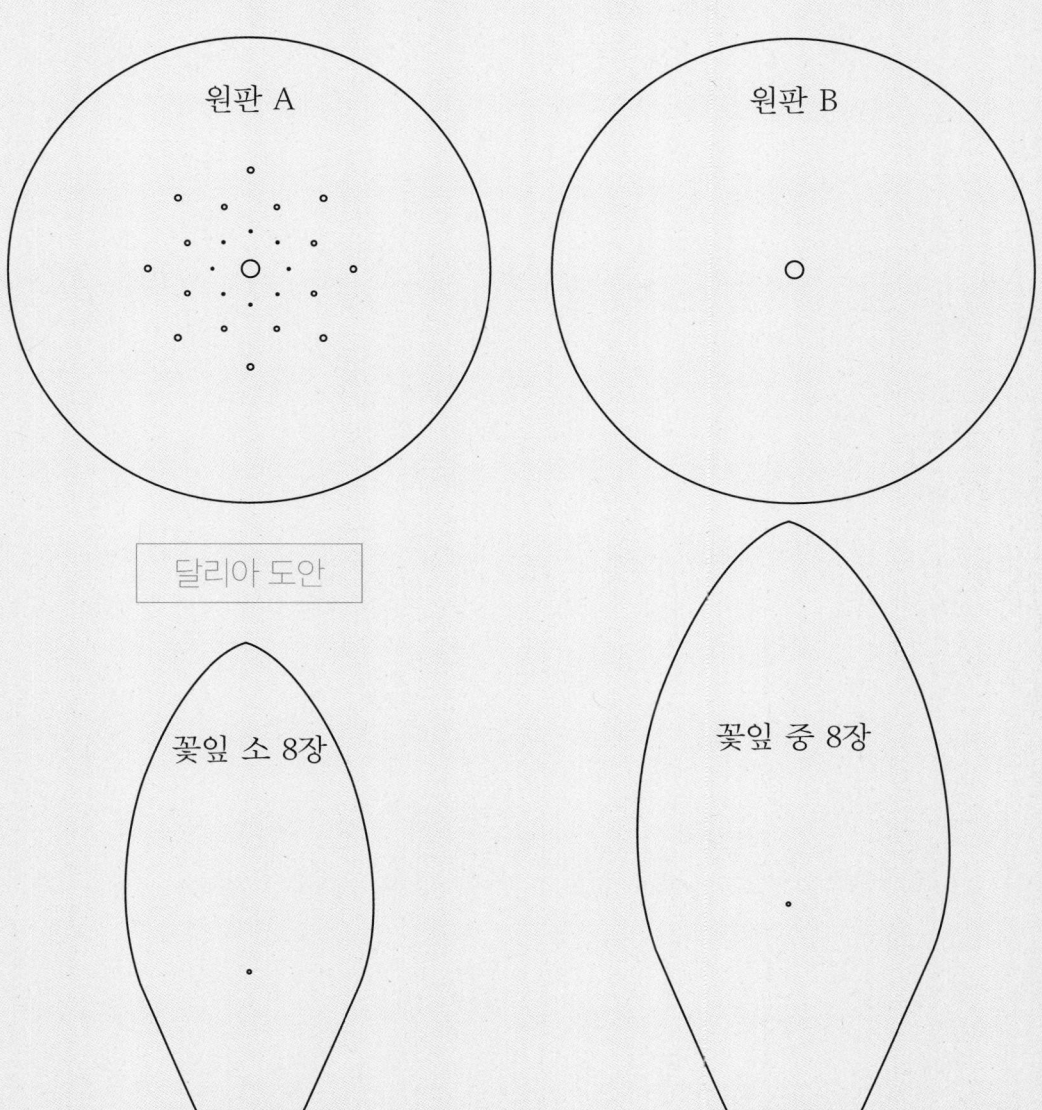

원판 A

원판 B

달리아 도안

꽃잎 소 8장

꽃잎 중 8장

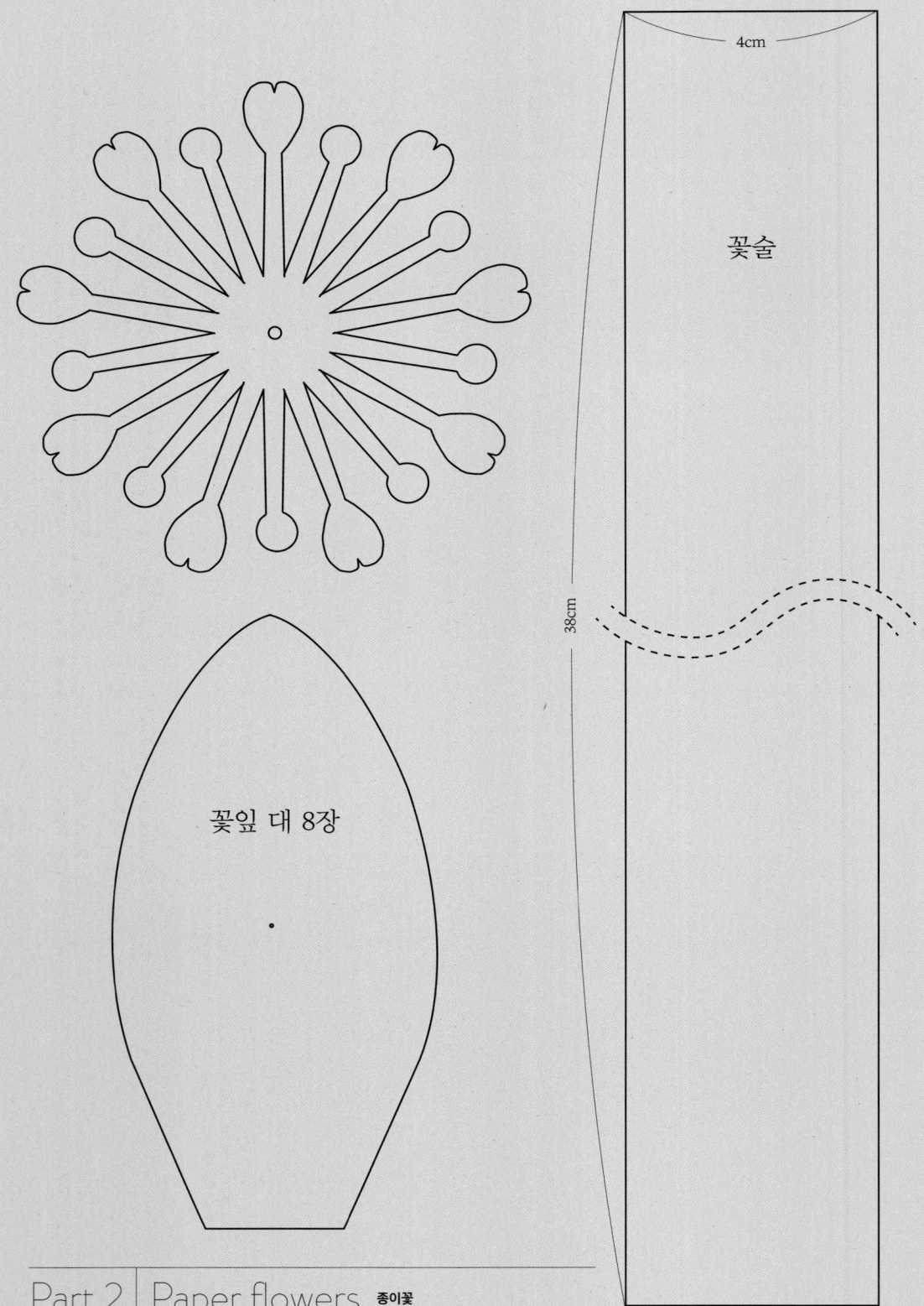

4cm

꽃술

38cm

꽃잎 대 8장

Dahlia

달리아

볼륨법 01 활용

How to make

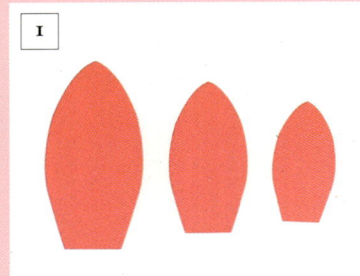

달리아의 꽃잎 도안 대 8장, 중 8장, 소 8장을 준비한다.

곧은자를 사용하여 꽃잎의 가운데에서 위쪽으로 길게 뒤로 넘긴다.

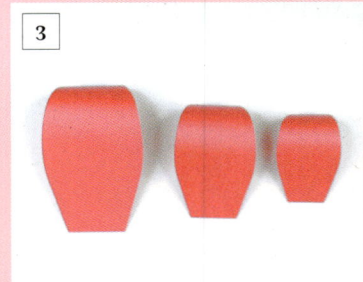

꽃잎 대 8장, 중 8장, 소 8장 모두 **2**와 같은 방법으로 볼륨을 넣는다.

꽃잎의 아랫부분 가운데에서 작은 구멍이 있는 곳까지 가위로 자른다.

가위로 자른 부분의 왼쪽에 글루건을 세로로 길게 쏘아준다.

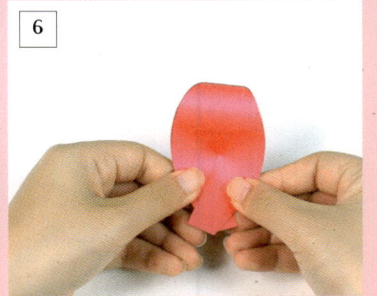

꽃잎 아랫부분의 왼쪽 끝과 오른쪽 끝이 가운데에서 뾰족하게 서로 만나도록 교차하여 붙인다.

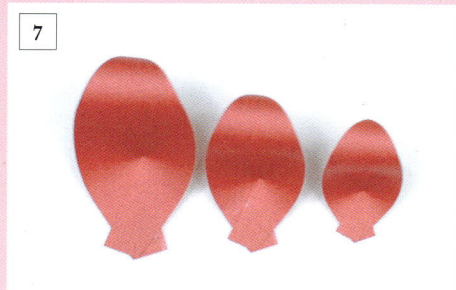

꽃잎 대 8장, 중 8장, 소 8장 모두 4~6을
반복하여 꽃잎 모양을 만든다.

원판 A에 있는 구멍 중 가장 바깥쪽에 있는
구멍에서 원판 끝까지 글루건을 쏘아준다.

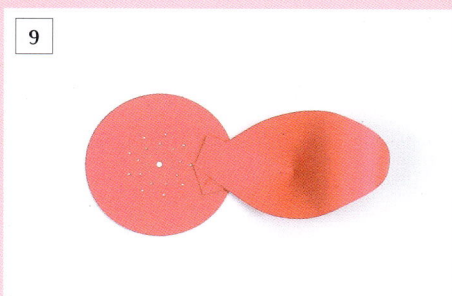

꽃잎 대 1장을 원판 A의 가장 바깥쪽
구멍에 맞춰서 붙인다.

꽃잎 대 8장을 시계방향으로 붙인다.
이때 8번째 꽃잎은 1번째 꽃잎의 밑으로
들어가도록 붙인다.

꽃잎 중과 소는 글루건을 원판 A가 아닌
꽃잎 아랫부분에 세로로 쏘아준다.

꽃잎 중 1장을 꽃잎 대와 대 사이에,
원판 A의 중간 줄 구멍에 맞춰서 붙인다.

꽃잎 중 8장을 시계방향으로 붙인다.
이때 8번째 꽃잎은 1번째 꽃잎의 밑으로
들어가도록 붙인다.

꽃잎 소 1장을 꽃잎 중과 중 사이에,
원판 A의 안쪽 구멍에 맞춰서 붙인다.

꽃잎 소 8장을 시계방향으로 붙인다.
이때 8번째 꽃잎은 1번째 꽃잎의 밑으로
들어가도록 붙인다.

꽃술의 철사를 꽃 가운데 구멍으로
통과시켜 꽃술을 넣는다.

꽃 뒷면에서 꽃술의 철사를 양쪽으로 당긴
후 원판 A 밖으로 튀어나오지 않게 자른다.
원판 A의 테두리와 철사에 글루건을
쏘아주고 원판 B를 붙인다.

Dahlia
달리아

볼륨법 03 활용

How to make

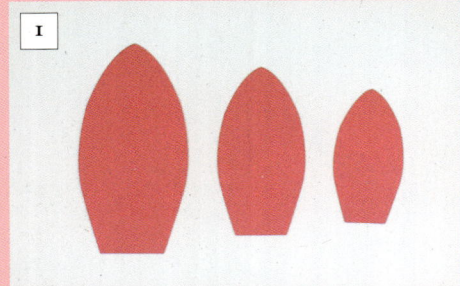

달리아의 꽃잎 도안 대 8장, 중 8장, 소
8장을 준비한다.

꽃잎을 반폭으로 접는다.

오른쪽을 반의 반폭으로 접는다.

반대쪽도 반의 반폭으로 접는다.

꽃잎 대 8장, 중 8장, 소 8장 모두 **2~4**를
반복하여 볼륨을 넣는다.

【114쪽 4~17과 같은 방법으로 만든다】

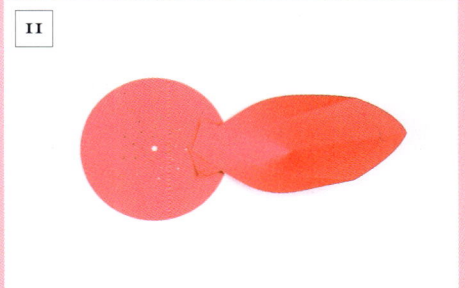

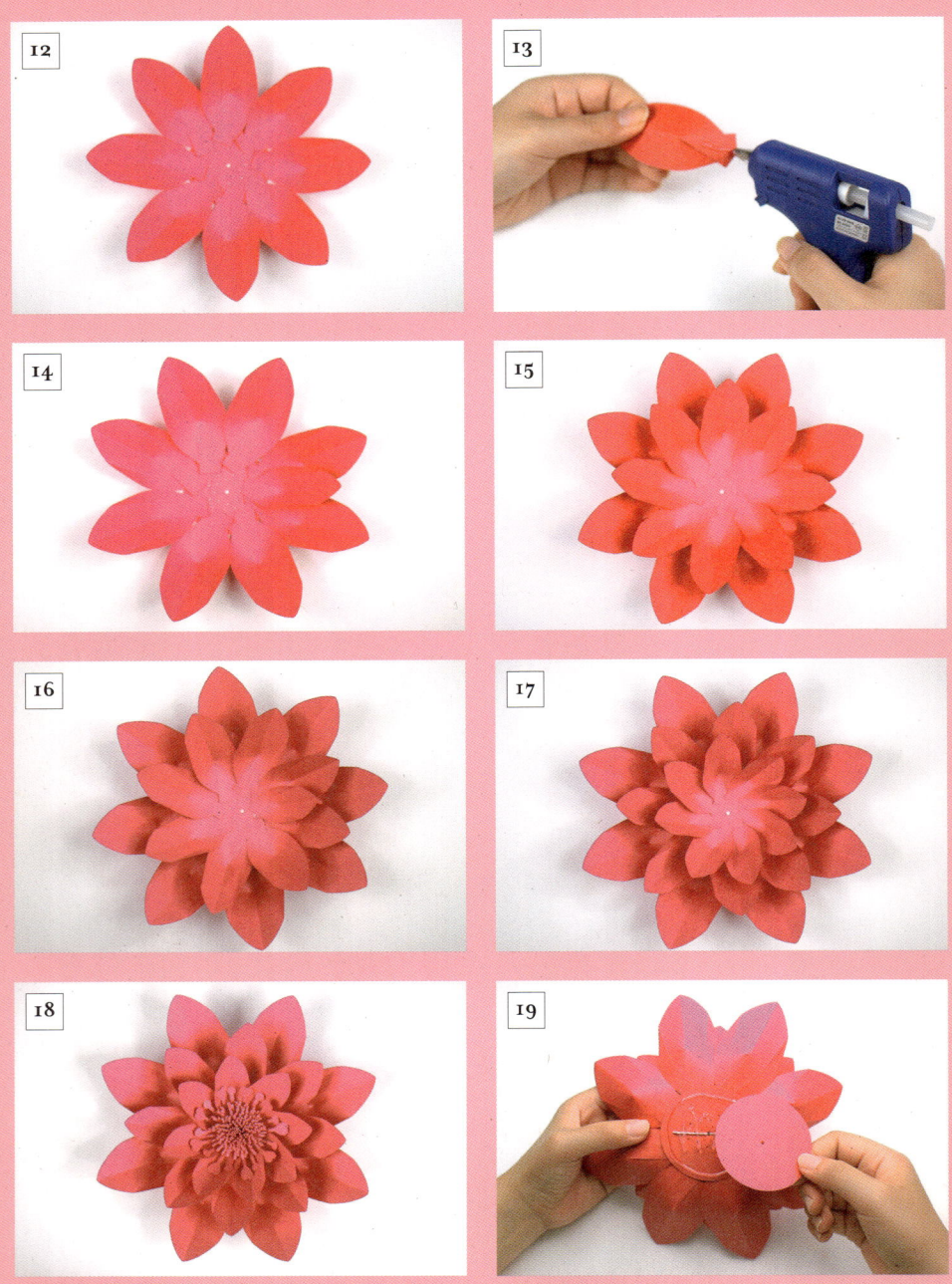

Dahlia
달리아

볼륨법 04 활용

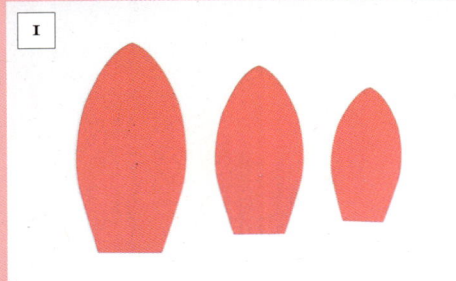

달리아의 꽃잎 도안 대 8장, 중 8장, 소 8장을 준비한다.

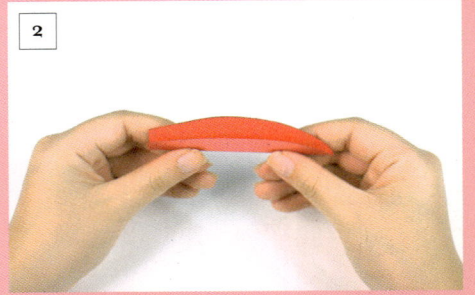

꽃잎을 반쪽으로 접는다.

꽃잎 위쪽 가운데 부분에 글루건을 쏘아준다.

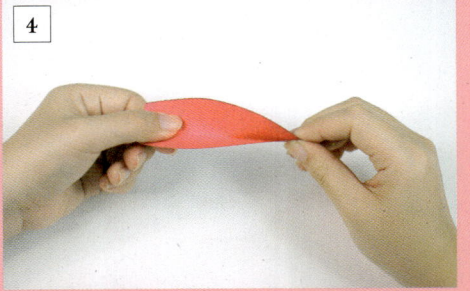

글루건이 굳기 전에 손끝으로 살짝 집어 붙인다.

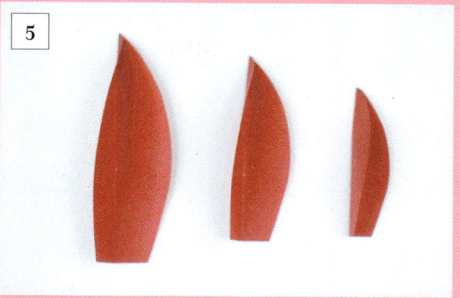

꽃잎 대 8장, 중 8장, 소 8장 모두 2~4를
반복하여 볼륨을 넣는다.

【114쪽 4~17과 같은 방법으로 만든다】

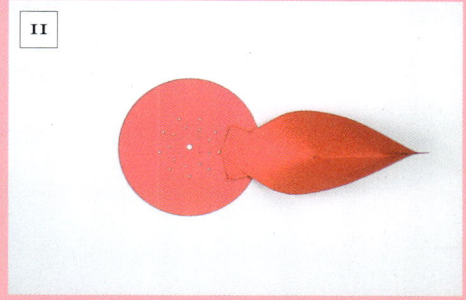

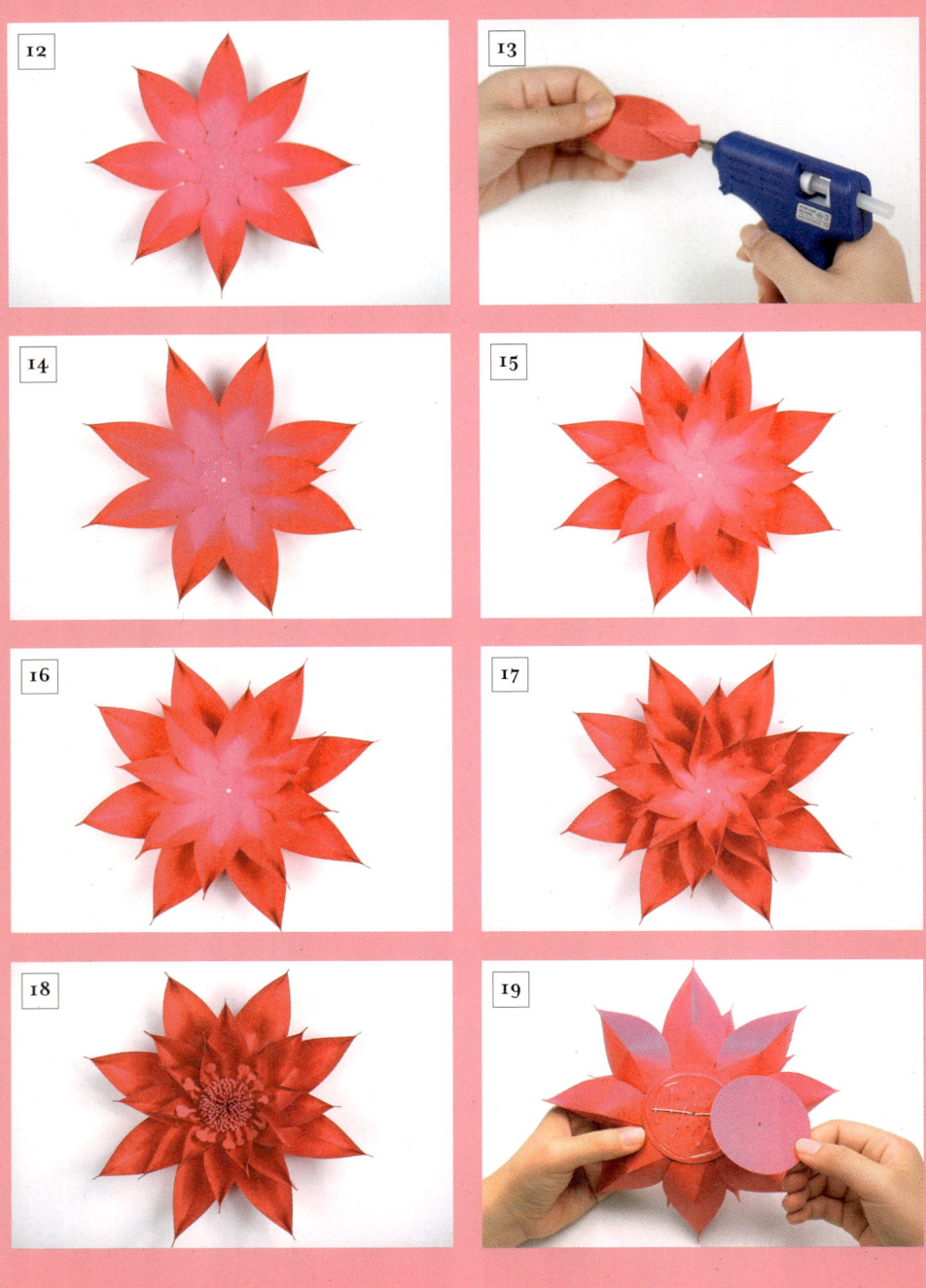

Dahlia

달리아

볼륨법 08 활용

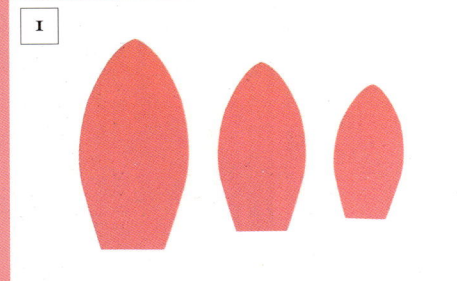

달리아의 꽃잎 도안 대 8장, 중 8장, 소 8장을 준비한다.

꽃잎의 오른쪽 위를 곧은자를 사용하여 뒤로 넘긴다.

꽃잎을 뒤집어서 또 오른쪽 위를 뒤로 넘긴다.

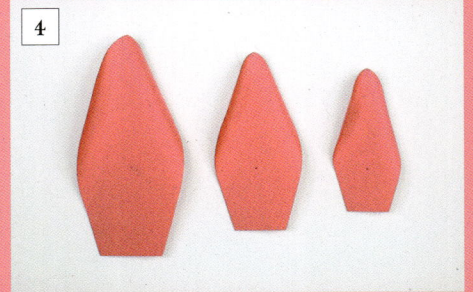

꽃잎 대 8장, 중 8장, 소 8장 모두 2~3을 반복하여 볼륨을 넣는다.

【114쪽 **4~17**과 같은 방법으로 만든다】

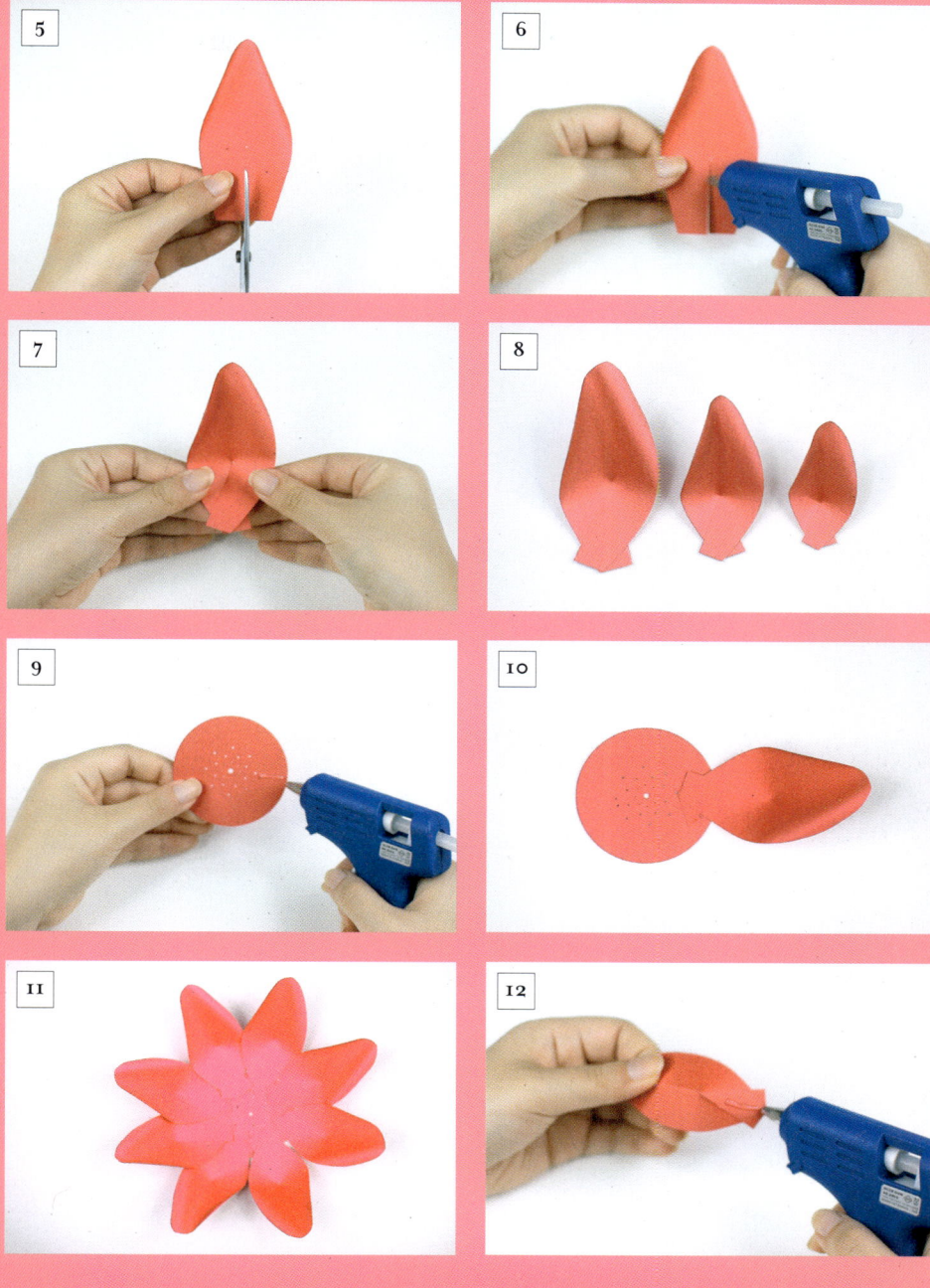

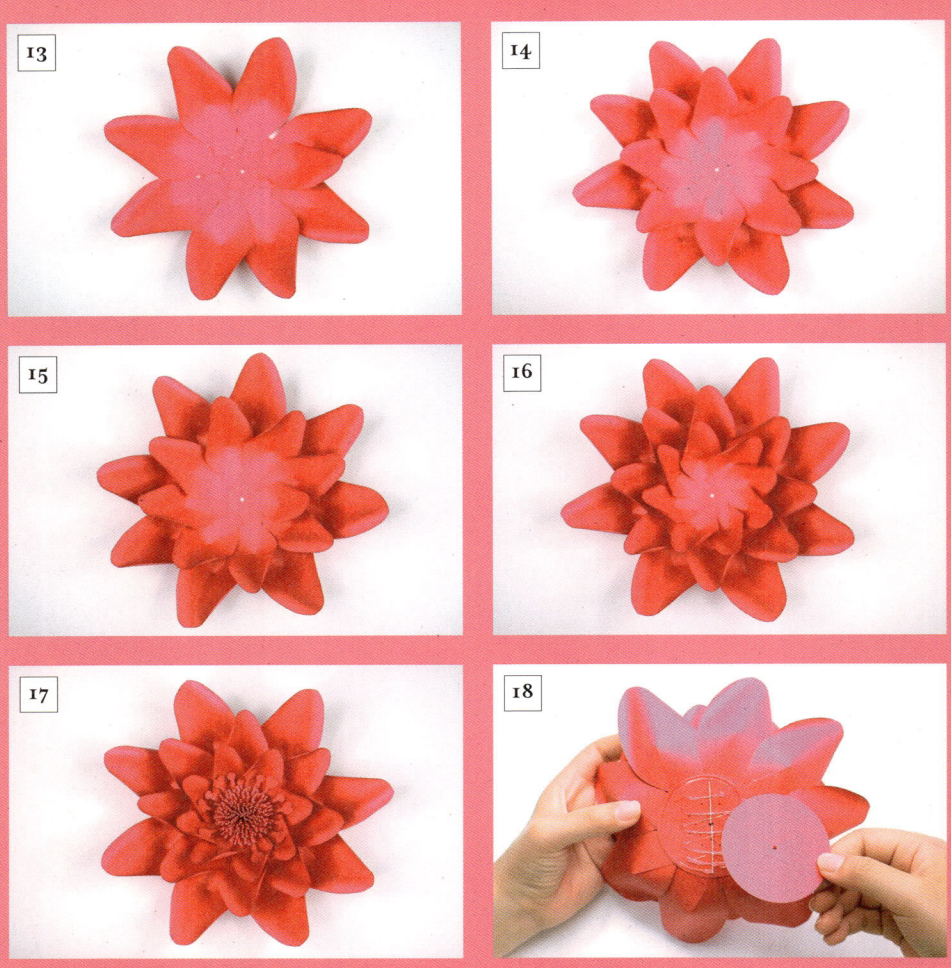

Cyclamen
시클라멘

볼륨법 03 활용

완성 크기 : 약 18~20cm(볼륨법에 따라 다름)

How to make

【종이꽃 볼륨법 24쪽 참고】

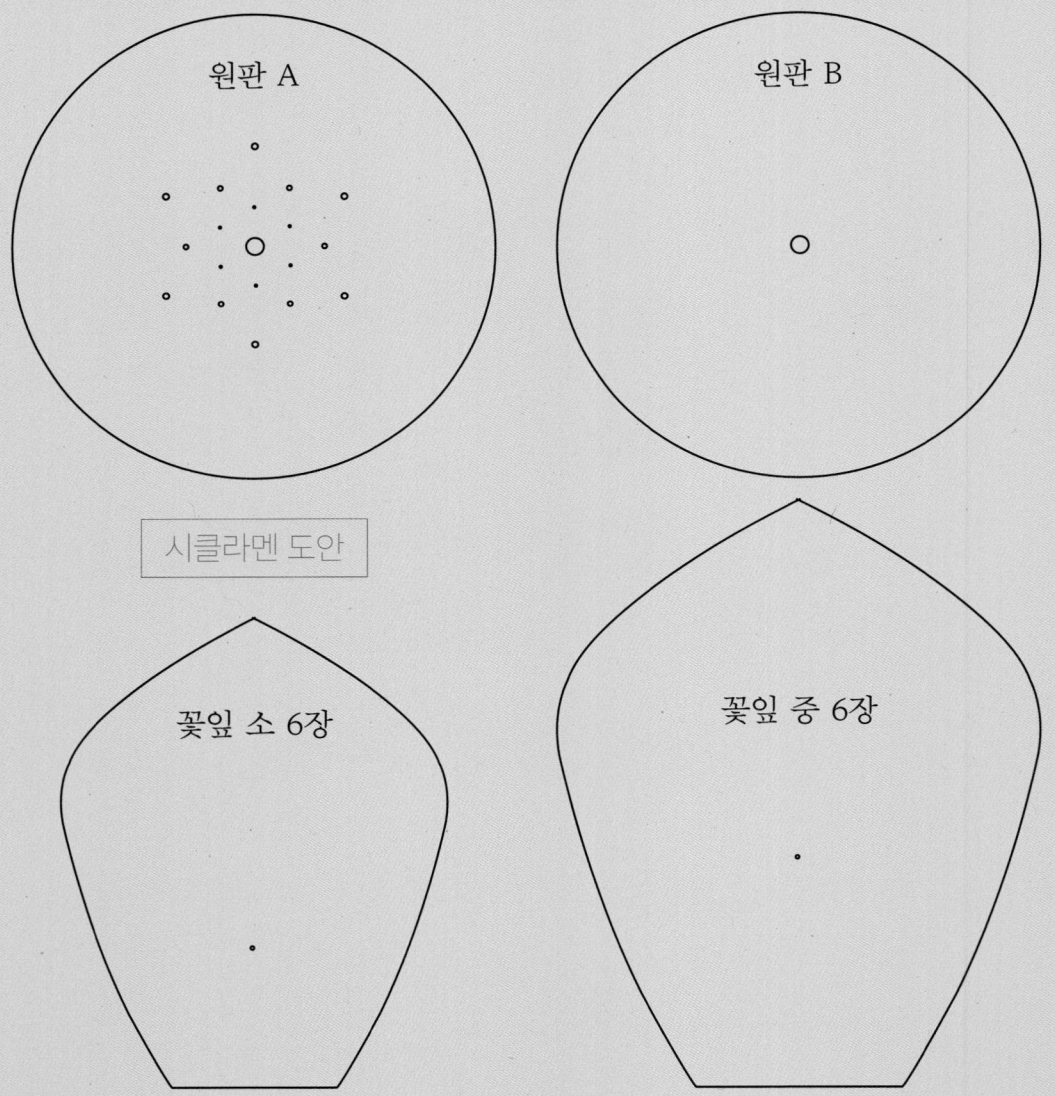

원판 A

원판 B

시클라멘 도안

꽃잎 소 6장

꽃잎 중 6장

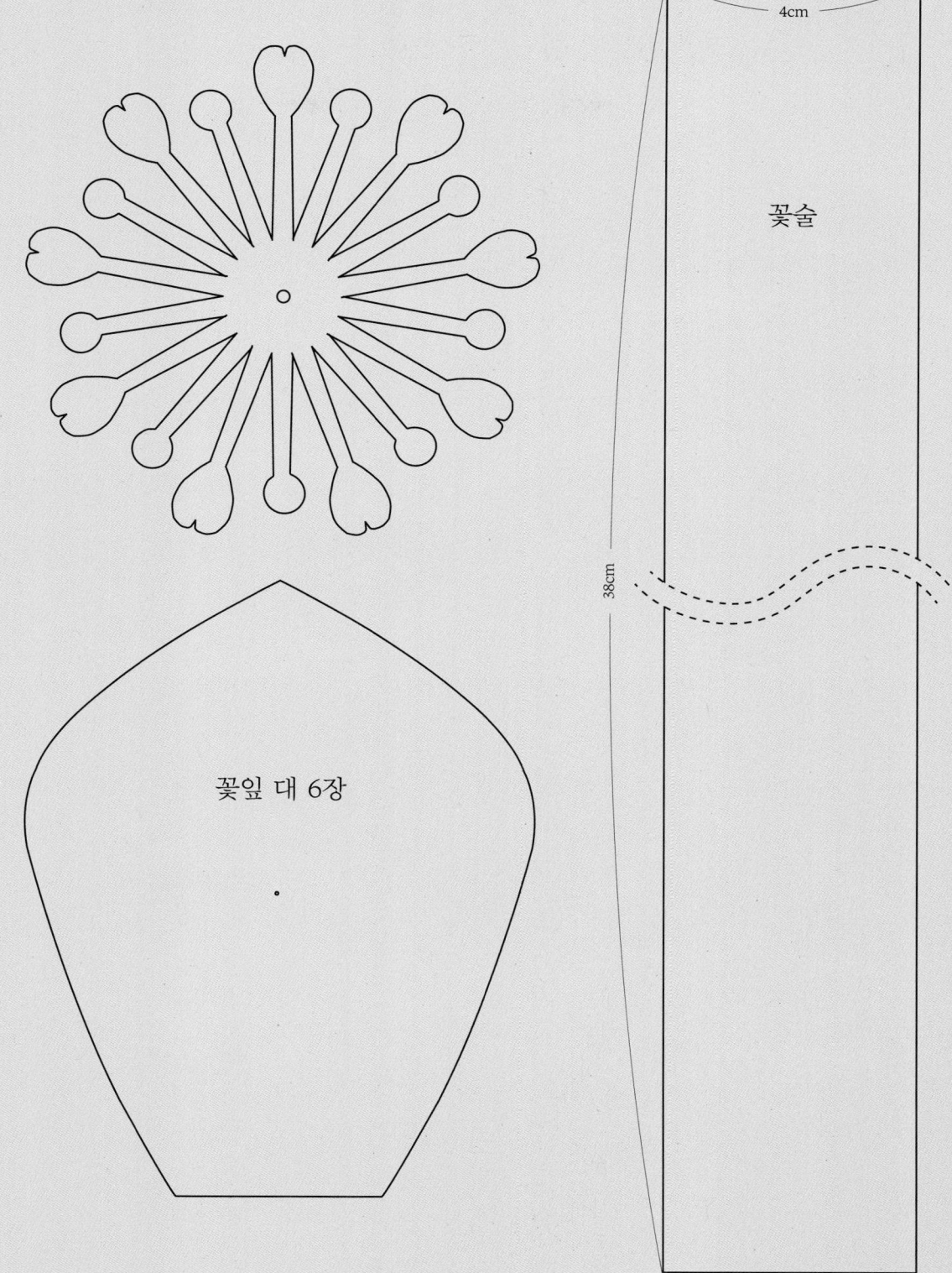

4cm

꽃술

38cm

꽃잎 대 6장

Cyclamen
시클라멘

볼륨법 01 활용

How to make

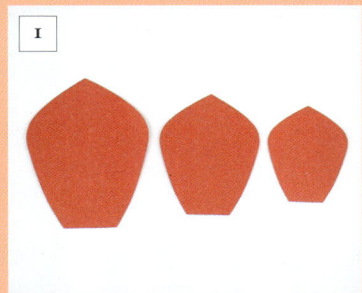

시클라멘의 꽃잎 도안 대 6장, 중 6장, 소 6장을 준비한다.

곧은자를 사용하여 꽃잎의 가운데에서 위쪽으로 길게 뒤로 넘긴다.

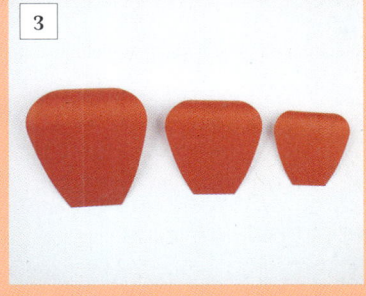

꽃잎 대 6장, 중 6장, 소 6장 모두 2와 같은 방법으로 볼륨을 넣는다.

꽃잎의 아랫부분 가운데에서 작은 구멍이 있는 곳까지 가위로 자른다.

가위로 자른 부분의 왼쪽에 글루건을 세로로 길게 쏘아준다.

꽃잎 아랫부분의 왼쪽 끝과 오른쪽 끝이 가운데에서 뾰족하게 서로 만나도록 교차하여 붙인다.

7

꽃잎 대 6장, 중 6장, 소 6장 모두 **4~6**을
반복하여 꽃잎 모양을 만든다.

8

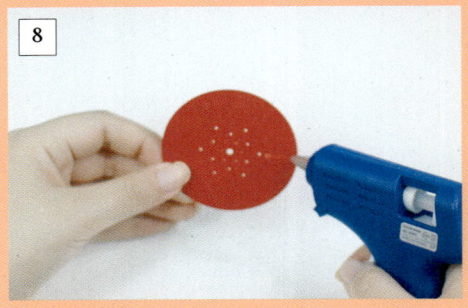

원판 A에 있는 구멍 중 가장 바깥쪽에 있는
구멍에서 원판 끝까지 글루건을 쏘아준다.

9

꽃잎 대 1장을 원판 A의 가장 바깥쪽
구멍에 맞춰서 붙인다.

10

꽃잎 대 6장을 시계방향으로 붙인다.
이때 6번째 꽃잎은 1번째 꽃잎의 밑으로
들어가도록 붙인다.

11

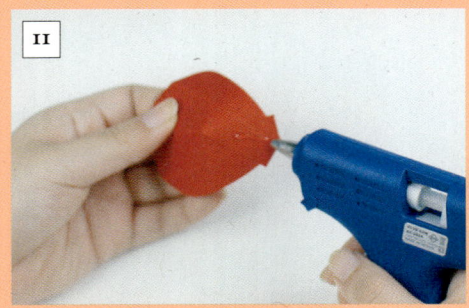

꽃잎 중과 소는 글루건을 원판 A가 아닌
꽃잎 아랫부분에 세로로 쏘아준다.

12

꽃잎 중 1장을 꽃잎 대와 대 사이에,
원판 A의 중간 줄 구멍에 맞춰서 붙인다.

꽃잎 중 6장을 시계방향으로 붙인다.
이때 6번째 꽃잎은 1번째 꽃잎의 밑으로
들어가도록 붙인다.

꽃잎 소 1장을 꽃잎 중과 중 사이에,
원판 A의 안쪽 구멍에 맞춰서 붙인다.

꽃잎 소 6장을 시계방향으로 붙인다.
이때 6번째 꽃잎은 1번째 꽃잎의 밑으로
들어가도록 붙인다.

꽃술의 철사를 꽃 가운데 구멍으로
통과시켜 꽃술을 넣는다.

꽃 뒷면에서 꽃술의 철사를 양쪽으로 당긴
후 원판 A 밖으로 튀어나오지 않게 자른다.
원판 A의 테두리와 철사에 글루건을
쏘아주고 원판 B를 붙인다.

Cyclamen
시클라멘

볼륨법 02 활용

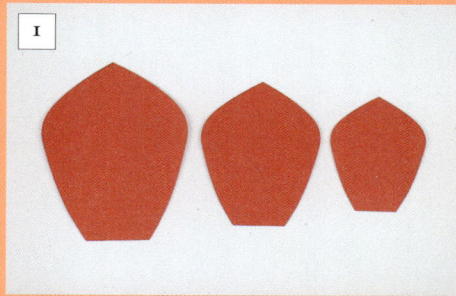

시클라멘의 꽃잎 도안 대 6장, 중 6장,
소 6장을 준비한다.

꽃잎을 반폭으로 접는다.

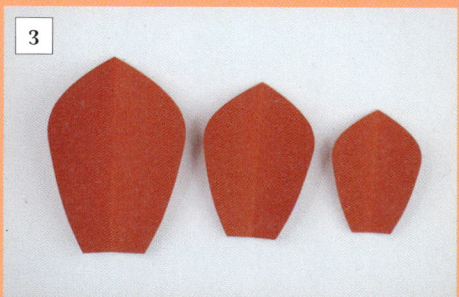

꽃잎 대 6장, 중 6장, 소 6장 모두 **2**처럼
접어서 볼륨을 넣는다.

【133쪽 4~17과 같은 방법으로 만든다】

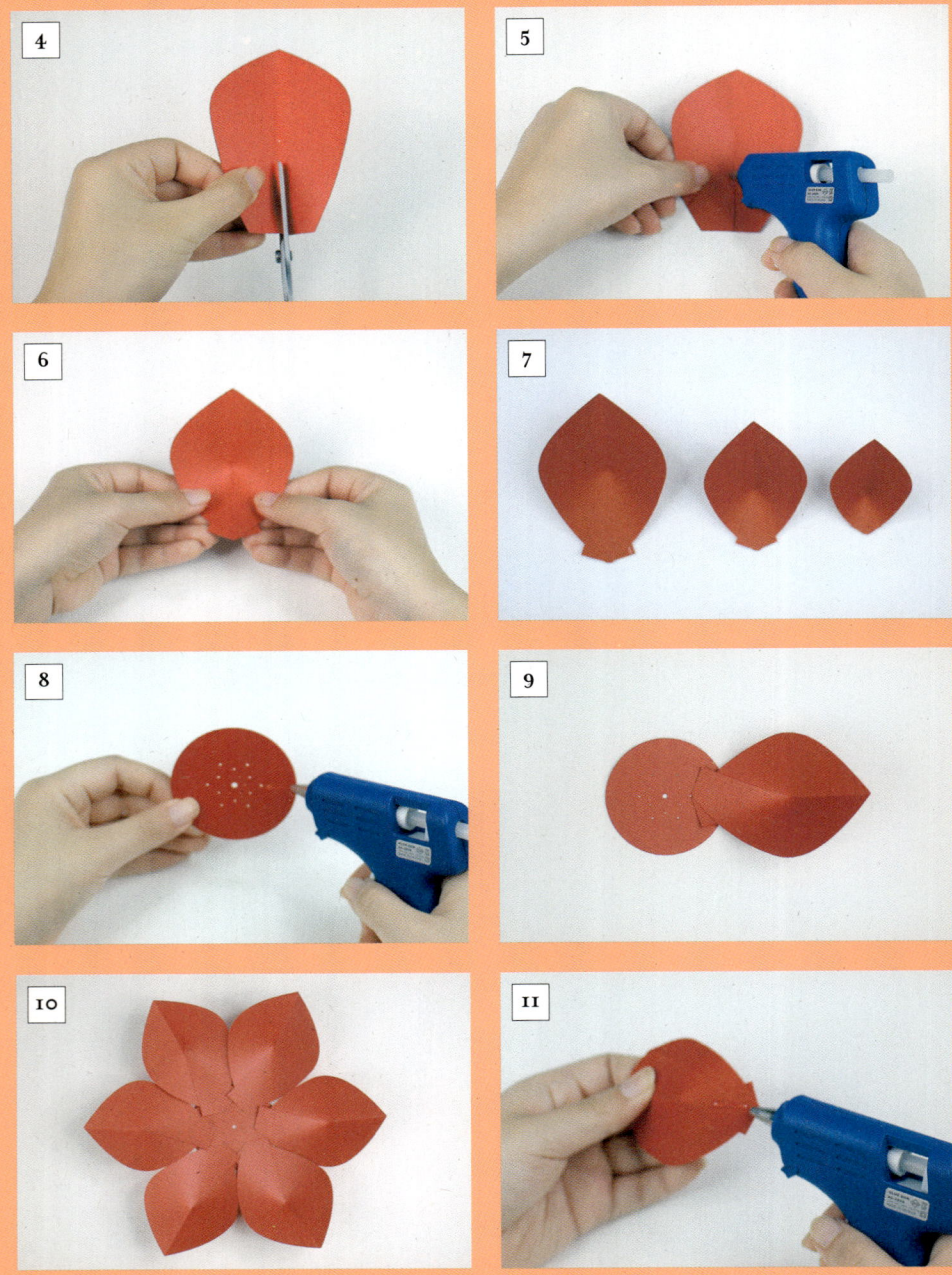

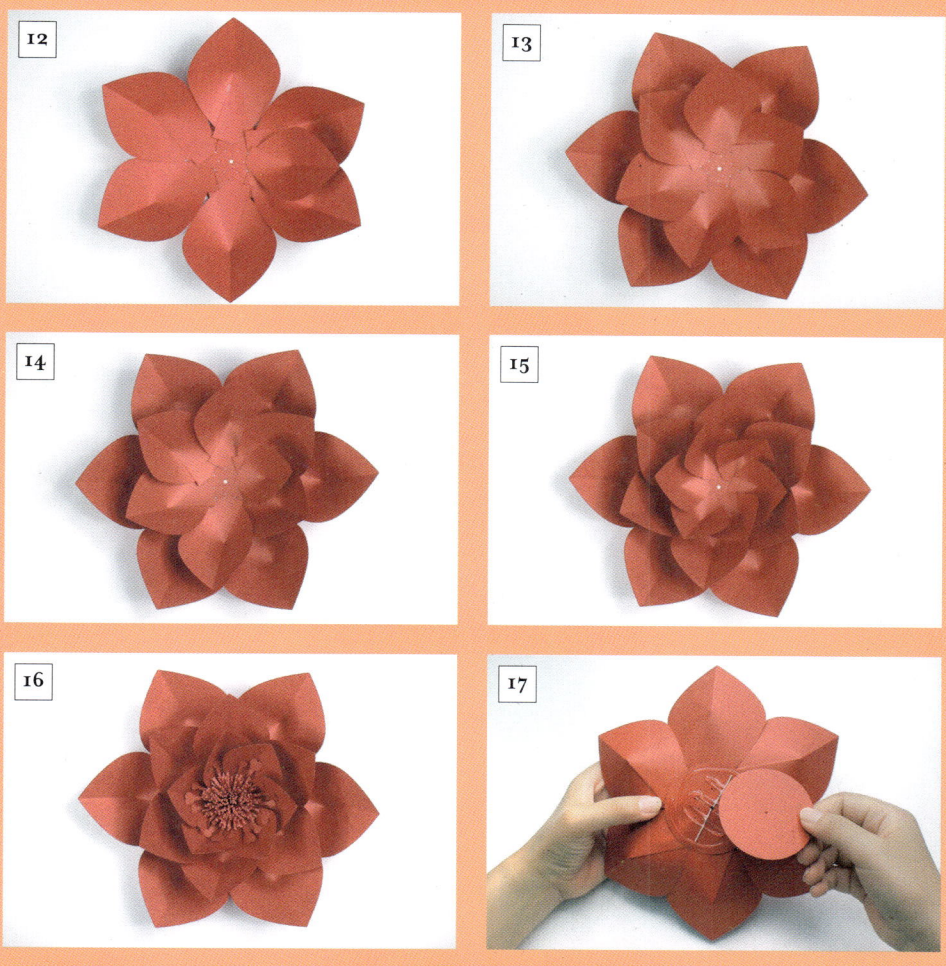

Cyclamen

시클라멘

볼륨법 09 활용

How to make

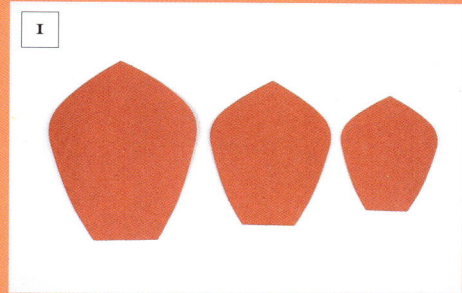

시클라멘의 꽃잎 도안 대 6장, 중 6장, 소 6장을 준비한다.

꽃잎의 오른쪽을 곧은자를 사용하여 뒤로 넘긴다.

꽃잎의 왼쪽도 곧은자를 사용하여 뒤로 넘긴다.

꽃잎의 위쪽을 뒤로 조금만 넘긴다.

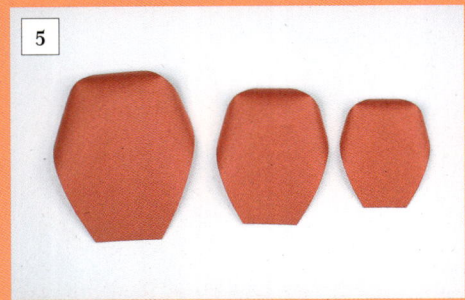

꽃잎 대 6장, 중 6장, 소 6장 모두 2~4를
반복하여 볼륨을 넣는다.

【133쪽 4~17과 같은 방법으로 만든다】

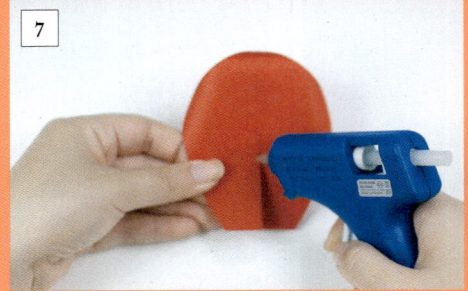

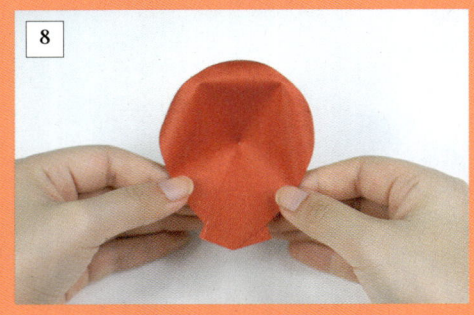

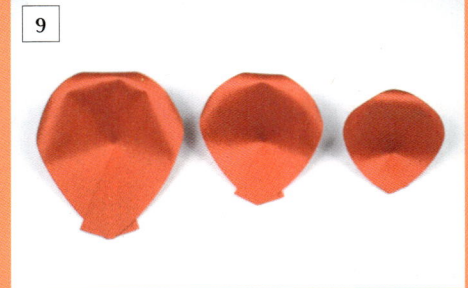

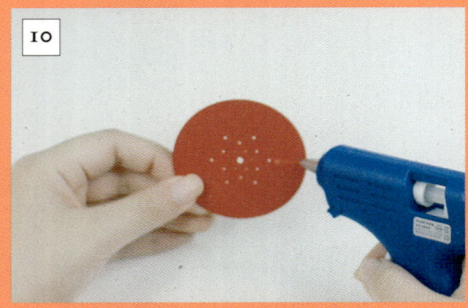

Part 2 | Paper flowers **종이꽃**

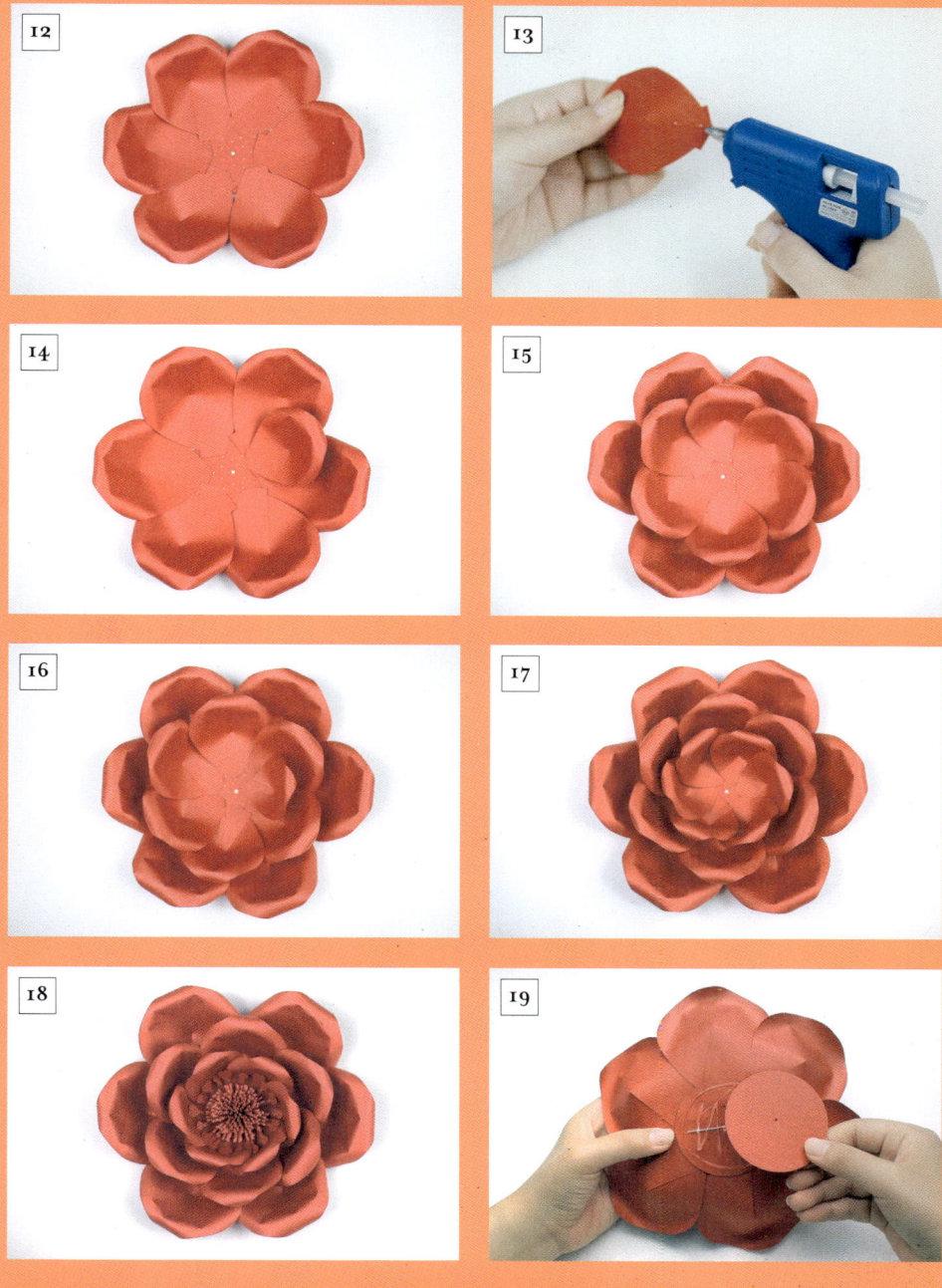

Cyclamen

시클라멘

볼륨법 10 활용

How to make

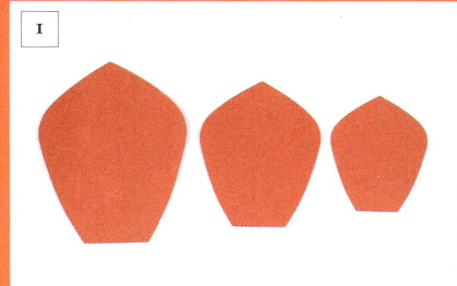

시클라멘의 꽃잎 도안 대 6장, 중 6장, 소 6장을 준비한다.

꽃잎의 오른쪽을 곧은자를 사용하여 뒤로 넘긴다.

꽃잎의 왼쪽도 곧은자를 사용하여 뒤로 넘긴다.

도안을 뒤집어서 꽃잎의 위쪽을 앞으로 조금만 넘긴다.

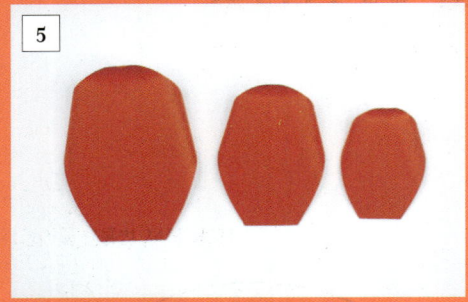

꽃잎 대 6장, 중 6장, 소 6장 모두 **2~4**를
반복하여 볼륨을 넣는다.

【133쪽 **4~17**과 같은 방법으로 만든다】

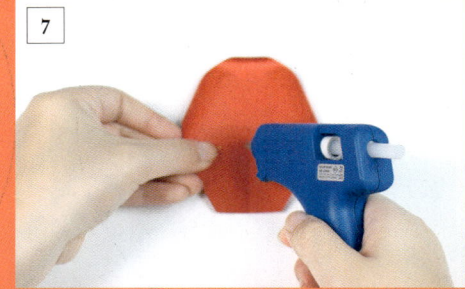

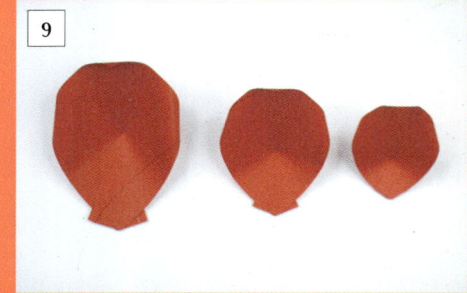

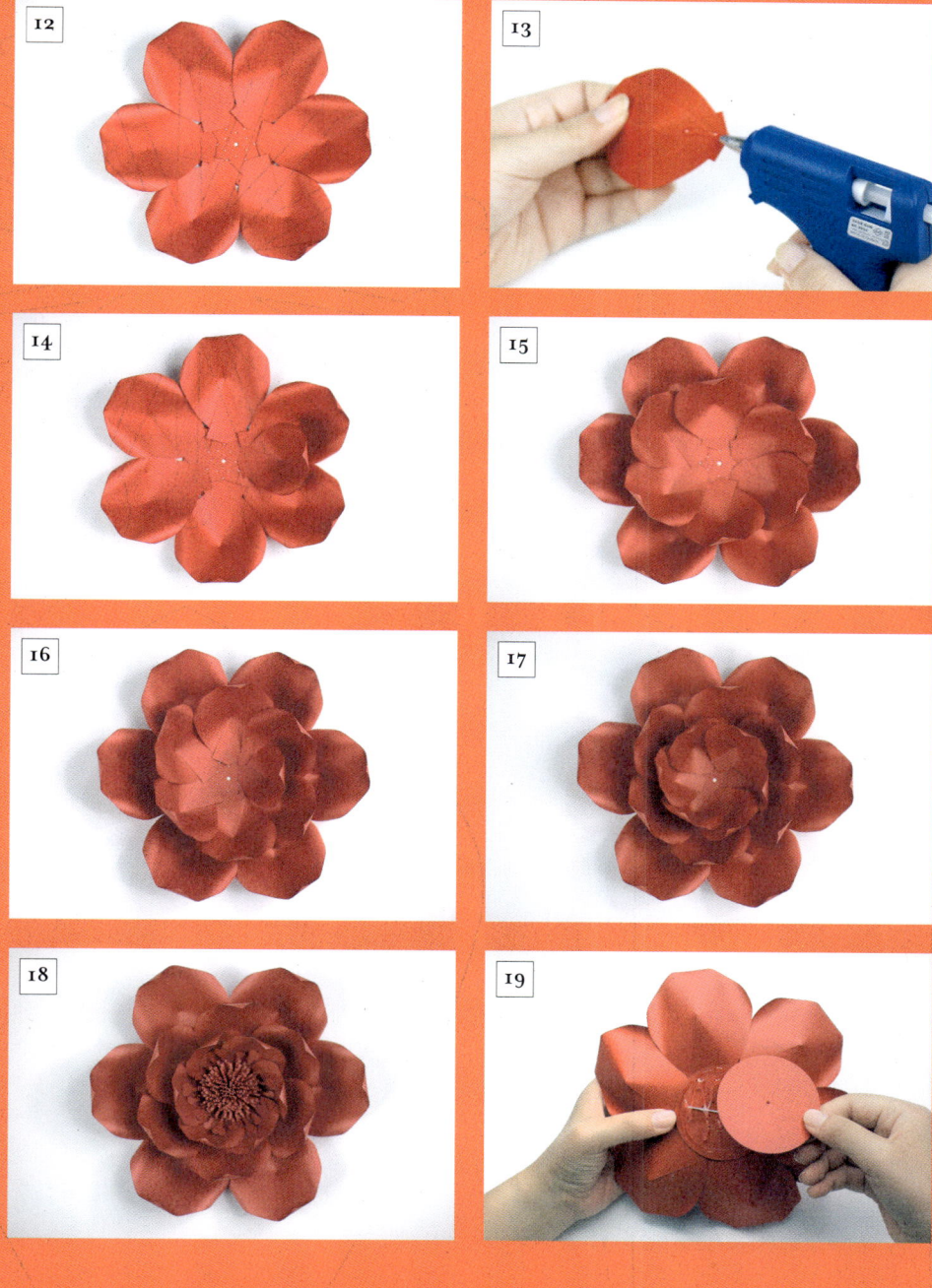

Clematis
클레마티스

볼륨법 04 활용

완성 크기 : 약 18~20cm(볼륨법에 따라 다름)

How to make

【종이꽃 볼륨법 29쪽 참고】

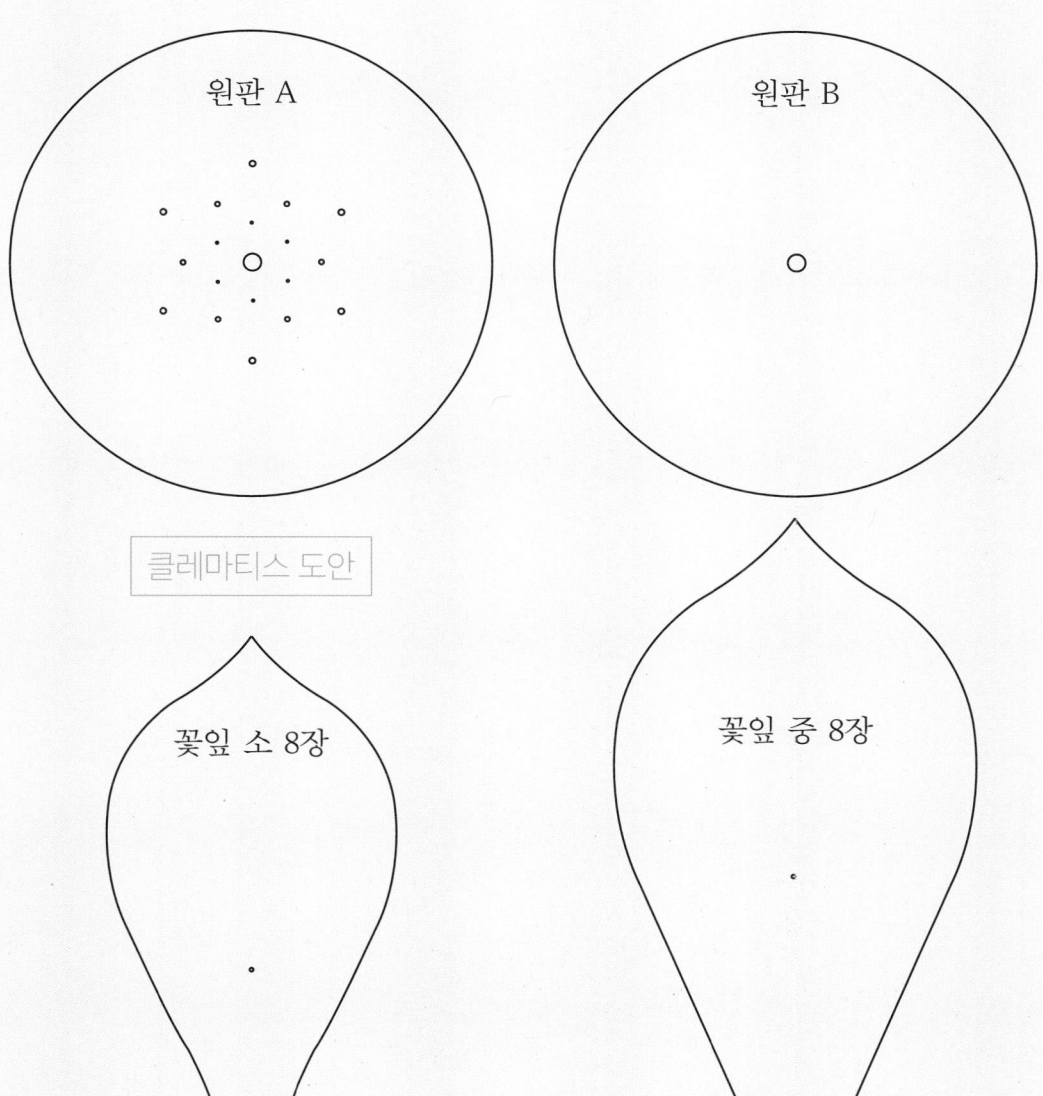

원판 A

원판 B

클레마티스 도안

꽃잎 소 8장

꽃잎 중 8장

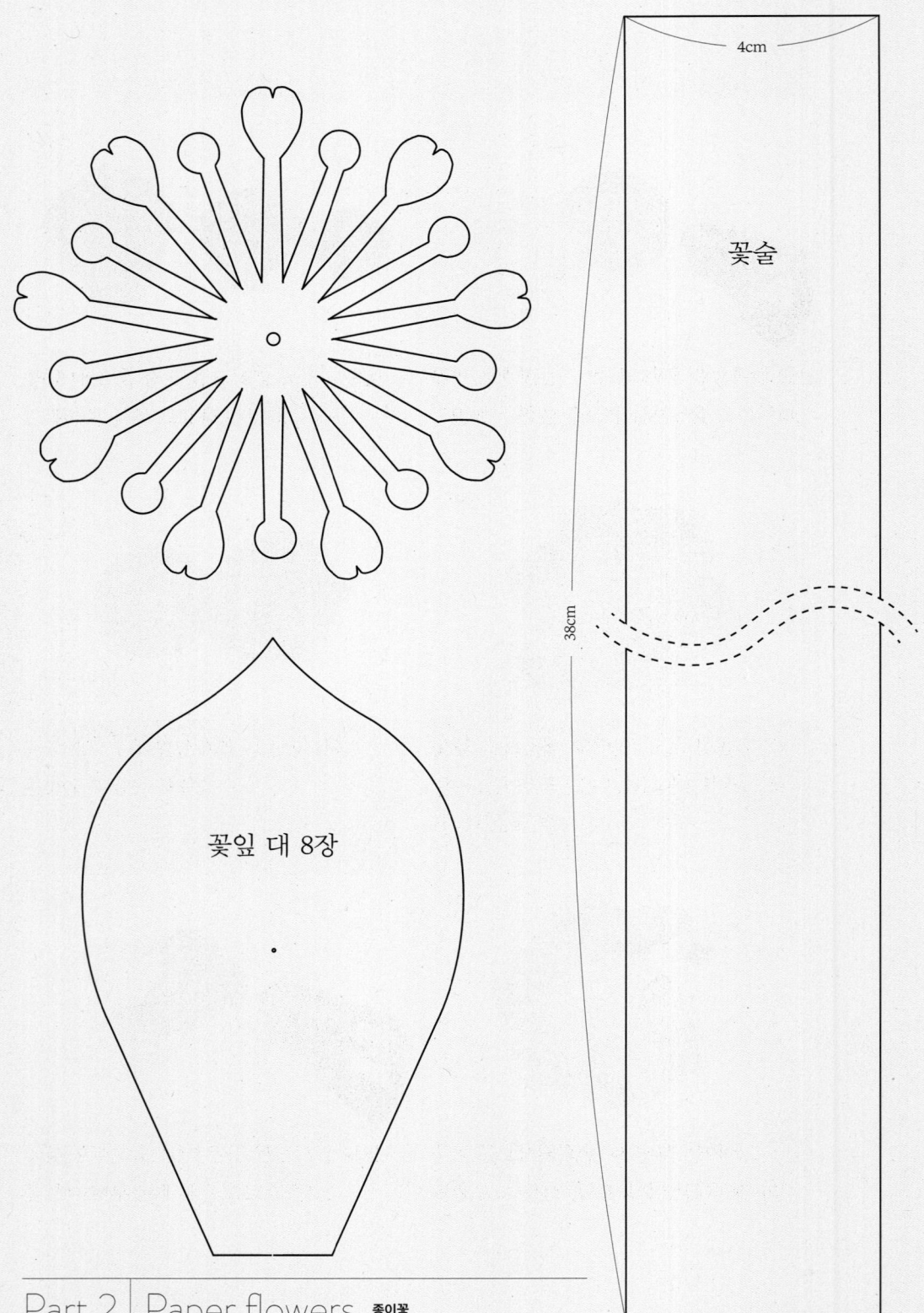

4cm

꽃술

38cm

꽃잎 대 8장

Clematis

클레마티스

볼륨법 06 활용

클레마티스의 꽃잎 도안 대 8장,
중 8장, 소 8장을 준비한다.

꽃잎을 반폭으로 접는다.

꽃잎의 오른쪽 위를 곧은자를
사용하여 뒤로 넘긴다.

꽃잎을 뒤집어서 또 오른쪽 위를
뒤로 넘긴다.

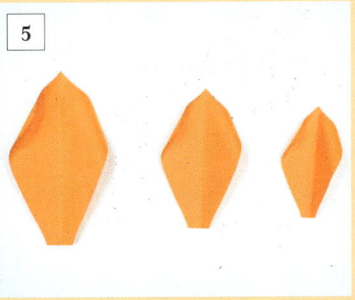

꽃잎 대 8장, 중 8장, 소 8장 모두
2~4를 반복하여 볼륨을 넣는다.

꽃잎의 아랫부분 가운데에서 작은
구멍이 있는 곳까지 가위로 자른다.

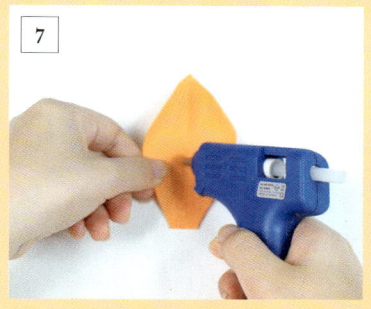

가위로 자른 부분의 왼쪽에
글루건을 세로로 길게 쏘아준다.

꽃잎 아랫부분의 왼쪽 끝과
오른쪽 끝이 가운데에서 뾰족하게
서로 만나도록 교차하여 붙인다.

꽃잎 대 8장, 중 8장, 소 8장 모두
6~8을 반복하여 꽃잎 모양을
만든다.

원판 A에 있는 구멍 중 가장
바깥쪽에 있는 구멍에서 원판
끝까지 글루건을 쏘아준다.

꽃잎 대 1장을 원판 A의 가장
바깥쪽 구멍에 맞춰서 붙인다.

꽃잎 대 8장을 시계방향으로
붙인다. 이때 8번째 꽃잎은 1번째
꽃잎의 밑으로 들어가도록 붙인다.

꽃잎 중과 소는 글루건을 원판 A가 아닌
꽃잎 아랫부분에 세로로 쏘아준다.

꽃잎 중 1장를 꽃잎 대와 대 사이에,
원판 A의 중간 줄 구멍에 맞춰서 붙인다.

꽃잎 중 8장을 시계방향으로 붙인다.
이때 8번째 꽃잎은 1번째 꽃잎의 밑으로
들어가도록 붙인다.

꽃잎 소 1장을 꽃잎 중과 중 사이에,
원판 A의 안쪽 구멍에 맞춰서 붙인다.

꽃잎 소 8장을 시계방향으로 붙인다.
이때 8번째 꽃잎은 1번째 꽃잎의 밑으로
들어가도록 붙인다.

꽃술의 철사를 꽃 가운데 구멍으로
통과시켜 꽃술을 넣는다.

꽃 뒷면에서 꽃술의 철사를 양쪽으로 당긴
후 원판 A 밖으로 튀어나오지 않게 자른다.
원판 A의 테두리와 철사에 글루건을
쏘아주고 원판 B를 붙인다.

Clematis

클레마티스

볼륨법 07 활용

클레마티스의 꽃잎 도안 대 8장, 중 8장,
소 8장을 준비한다.

꽃잎의 오른쪽을 곧은자를 사용하여 뒤로
넘긴다.

꽃잎의 왼쪽도 곧은자를 사용하여 뒤로
넘긴다.

꽃잎 대 8장, 중 8장, 소 8장 모두 **2~3**을
반복하여 볼륨을 넣는다.

【152쪽 6~19와 같은 방법으로 만든다】

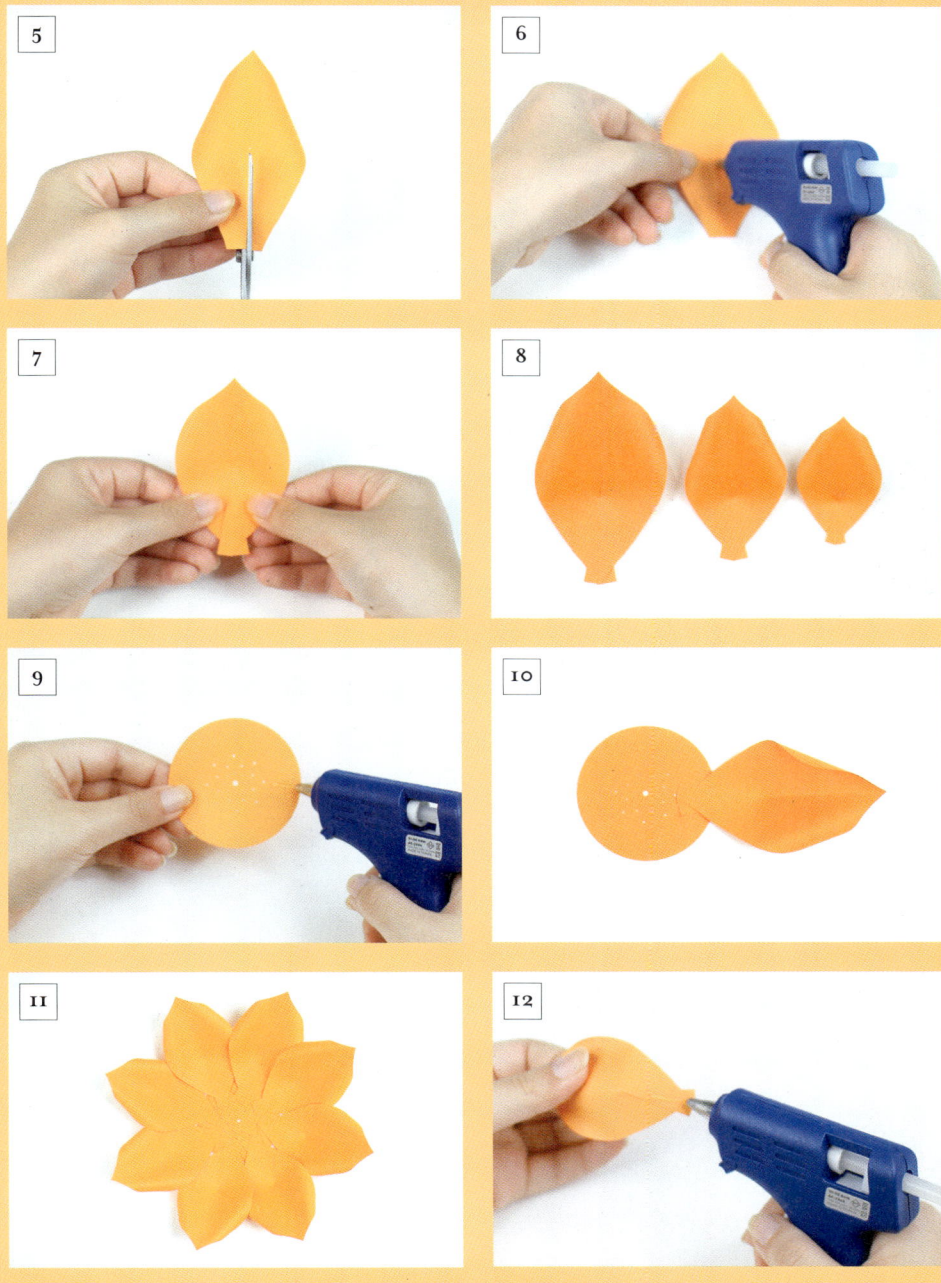

Clematis
클레마티스

볼륨법 09 활용

클레마티스의 꽃잎 도안 대 8장, 중 8장, 소 8장을 준비한다.

꽃잎의 오른쪽을 곧은자를 사용하여 뒤로 넘긴다.

꽃잎의 왼쪽도 곧은자를 사용하여 뒤로 넘긴다.

꽃잎의 위쪽을 뒤로 조금만 넘긴다.

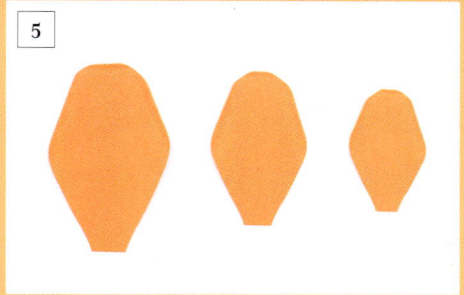

꽃잎 대 8장, 중 8장, 소 8장 모두 2~4를
반복하여 볼륨을 넣는다.

【152쪽 6~19와 같은 방법으로 만든다】

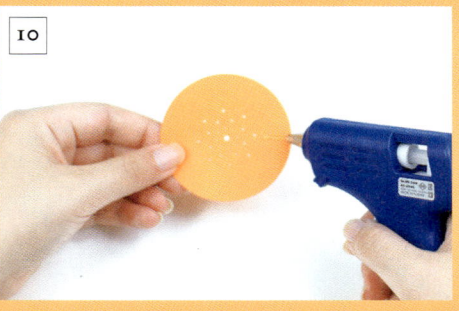

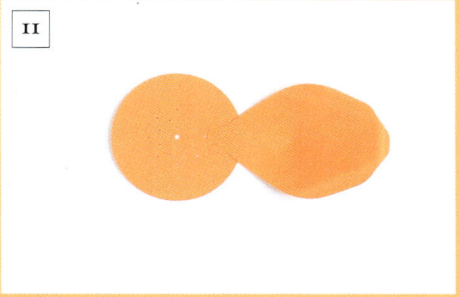

Clematis
클레마티스

볼륨법 10 활용

클레마티스의 꽃잎 도안 대 8장, 중 8장, 소 8장을 준비한다.

꽃잎의 오른쪽을 곧은자를 사용하여 뒤로 넘긴다.

꽃잎의 왼쪽도 곧은자를 사용하여 뒤로 넘긴다.

꽃잎을 뒤집어서 위쪽을 앞으로 조금만 넘긴다.

꽃잎 대 8장, 중 8장, 소 8장 모두 **2~4**를 반복하여 볼륨을 넣는다.

【152쪽 **6~19**와 같은 방법으로 만든다】

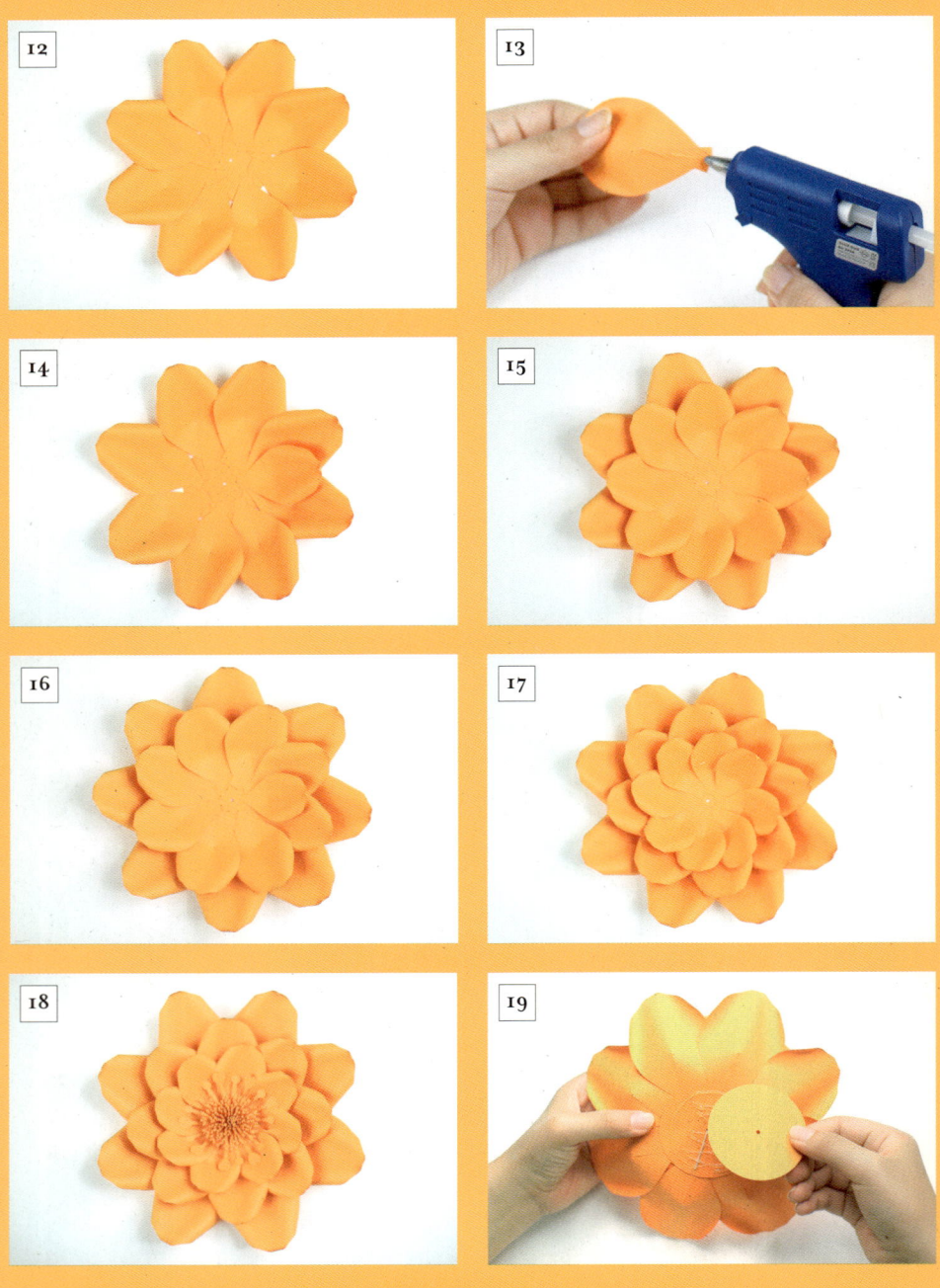

Magnolia
목련

볼륨법 05 활용

완성 크기 : 약 18~20cm(볼륨법에 따라 다름)

How to make

【종이꽃 볼륨법 34쪽 참고】

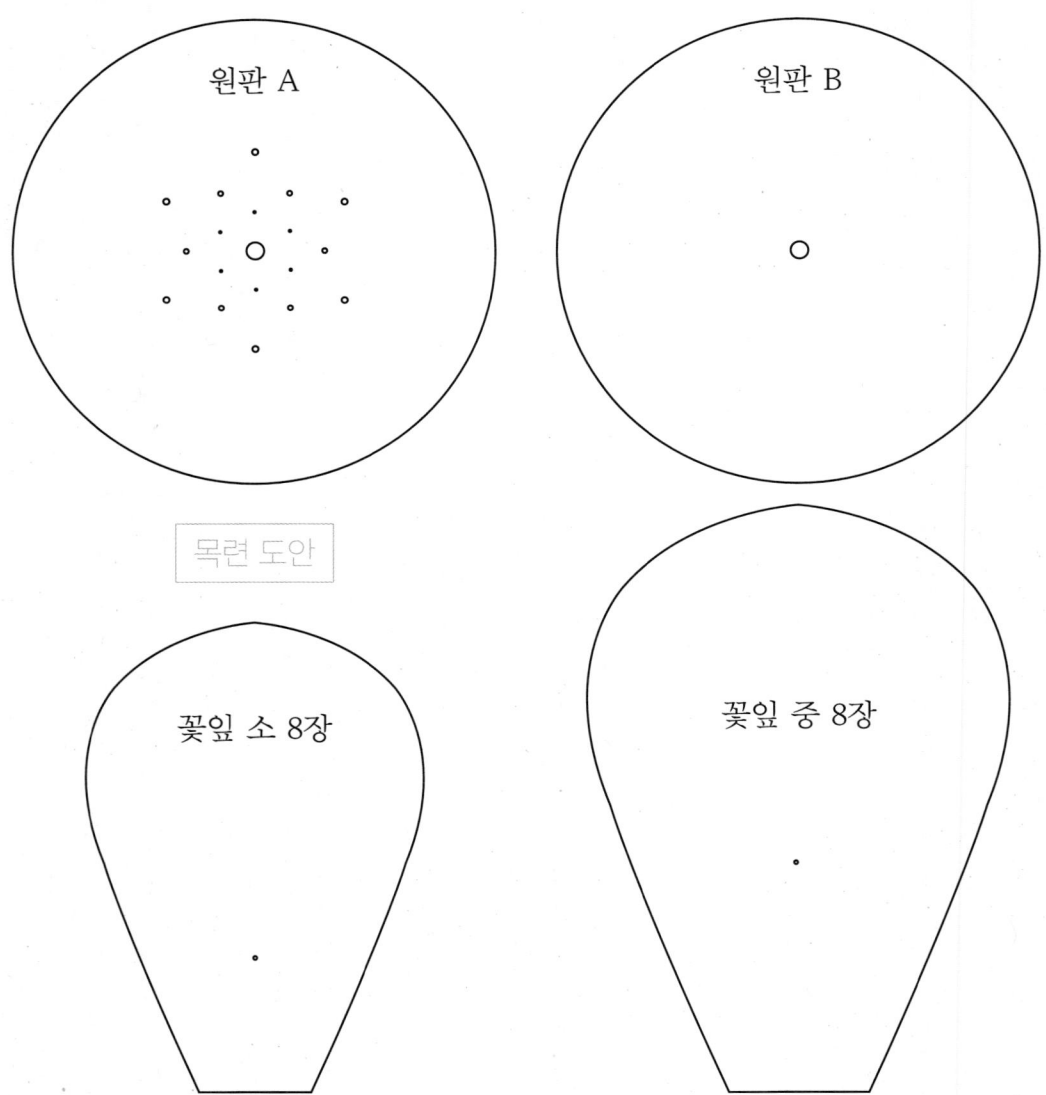

원판 A

원판 B

목련 도안

꽃잎 소 8장

꽃잎 중 8장

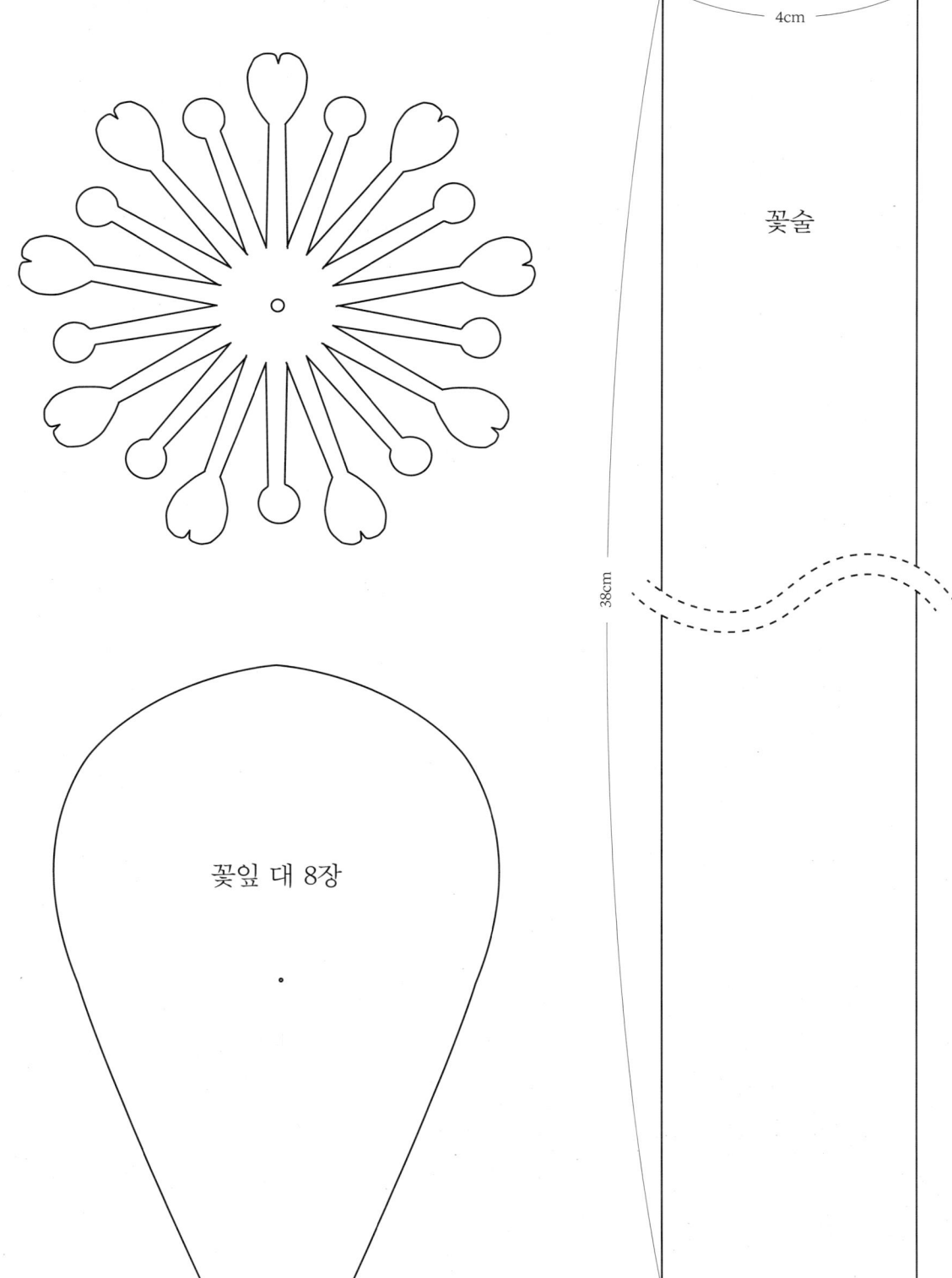

4cm

38cm

꽃술

꽃잎 대 8장

볼륨법 이 활용

Magnolia
목련

볼륨법 01 활용

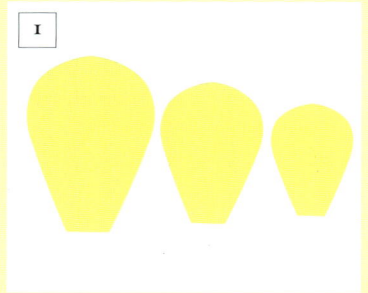

1

목련의 꽃잎 도안 대 8장, 중 8장, 소 8장을 준비한다.

2

곧은자를 사용하여 꽃잎의 가운데에서 위쪽으로 길게 뒤로 넘긴다.

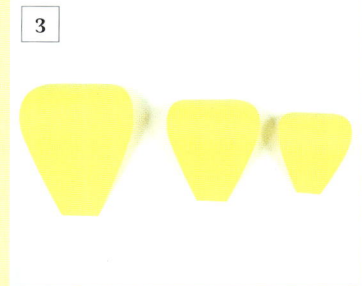

3

꽃잎 대 8장, 중 8장, 소 8장 모두 2와 같은 방법으로 볼륨을 넣는다.

4

꽃잎의 아랫부분 가운데에서 작은 구멍이 있는 곳까지 가위로 자른다.

5

가위로 자른 부분의 왼쪽에 글루건을 세로로 길게 쏘아준다.

6

꽃잎 아랫부분의 왼쪽 끝과 오른쪽 끝이 가운데에서 뾰족하게 서로 만나도록 교차하여 붙인다.

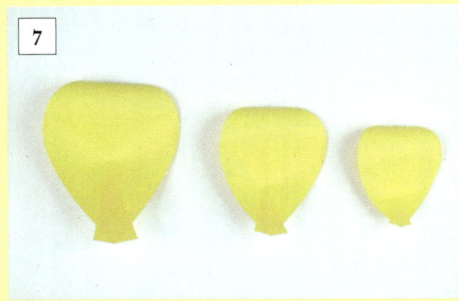

꽃잎 대 8장, 중 8장, 소 8장 모두 **4~6**을
반복하여 꽃잎 모양을 만든다.

원판 A에 있는 구멍 중 가장 바깥쪽에 있는
구멍에서 원판 끝까지 글루건을 쏘아준다.

꽃잎 대 1장을 원판 A의 가장 바깥쪽
구멍에 맞춰서 붙인다.

꽃잎 대 8장을 시계방향으로 붙인다.
이때 8번째 꽃잎은 1번째 꽃잎의 밑으로
들어가도록 붙인다.

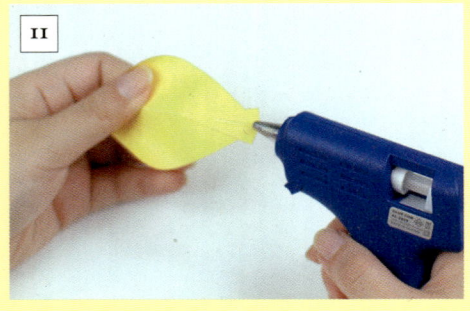

꽃잎 중과 소는 글루건을 원판 A가 아닌
꽃잎 아랫부분에 세로로 쏘아준다.

꽃잎 중 1장을 꽃잎 대와 대 사이에,
원판 A의 중간 줄 구멍에 맞춰서 붙인다.

꽃잎 중 8장을 시계방향으로 붙인다.
이때 8번째 꽃잎은 1번째 꽃잎의 밑으로
들어가도록 붙인다.

꽃잎 소 1장을 꽃잎 중과 중 사이에,
원판 A의 안쪽 구멍에 맞춰서 붙인다.

꽃잎 소 8장을 시계방향으로 붙인다.
이때 8번째 꽃잎은 1번째 꽃잎의 밑으로
들어가도록 붙인다.

꽃술의 철사를 꽃 가운데 구멍으로
통과시켜 꽃술을 넣는다.

꽃 뒷면에서 꽃술의 철사를 양쪽으로 당긴
후 원판 A 밖으로 튀어나오지 않게 자른다.
원판 A의 테두리와 철사에 글루건을
쏘아주고 원판 B를 붙인다.

Magnolia
목련

볼륨법 02 활용

클레마티스의 꽃잎 도안 대 8장, 중 8장,
소 8장을 준비한다.

꽃잎을 반폭으로 접는다.

꽃잎 대 8장, 중 8장, 소 8장 모두 **2**처럼
접어서 볼륨을 넣는다.

【171쪽 **4~17**과 같은 방법으로 만든다】

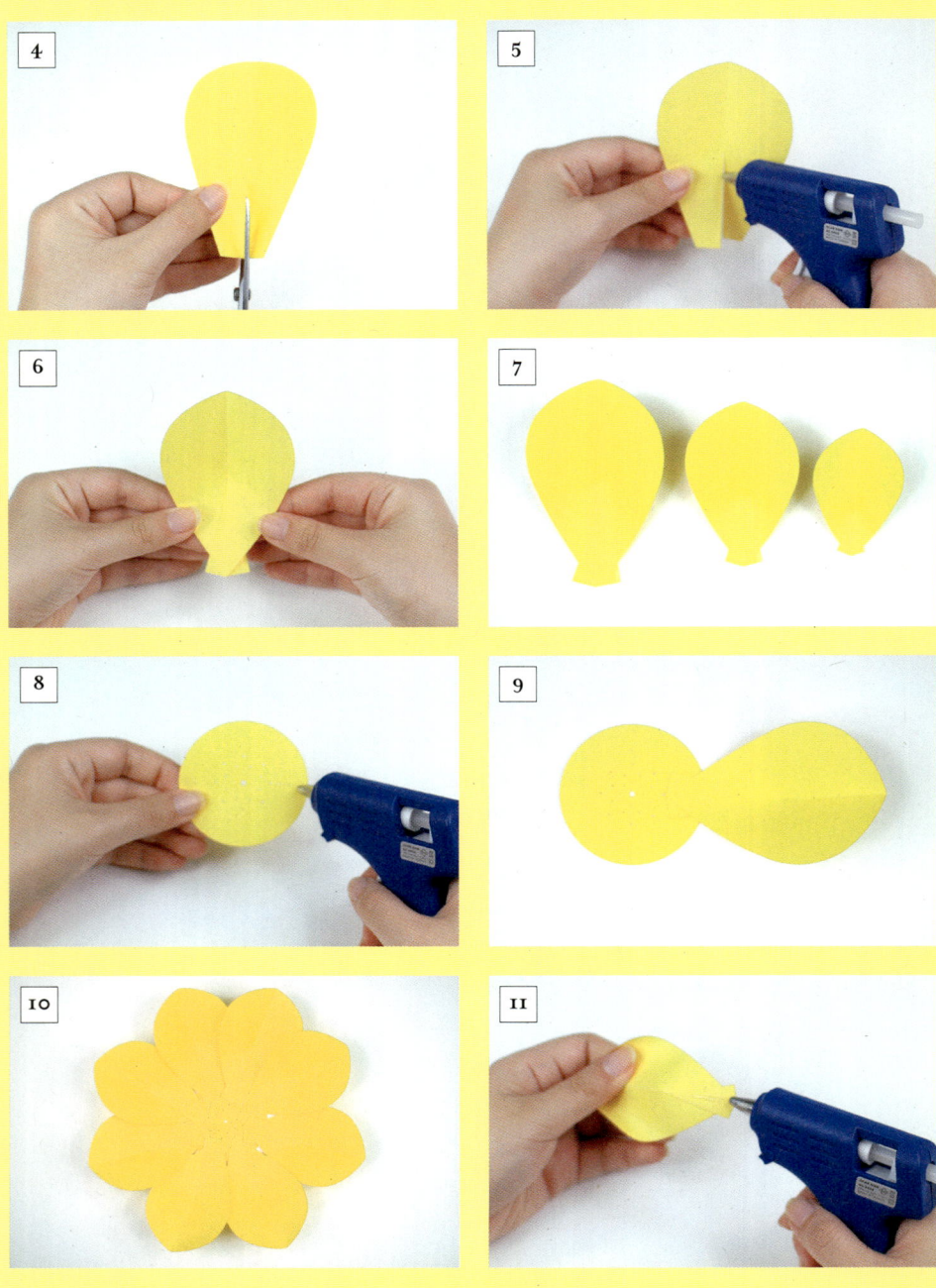

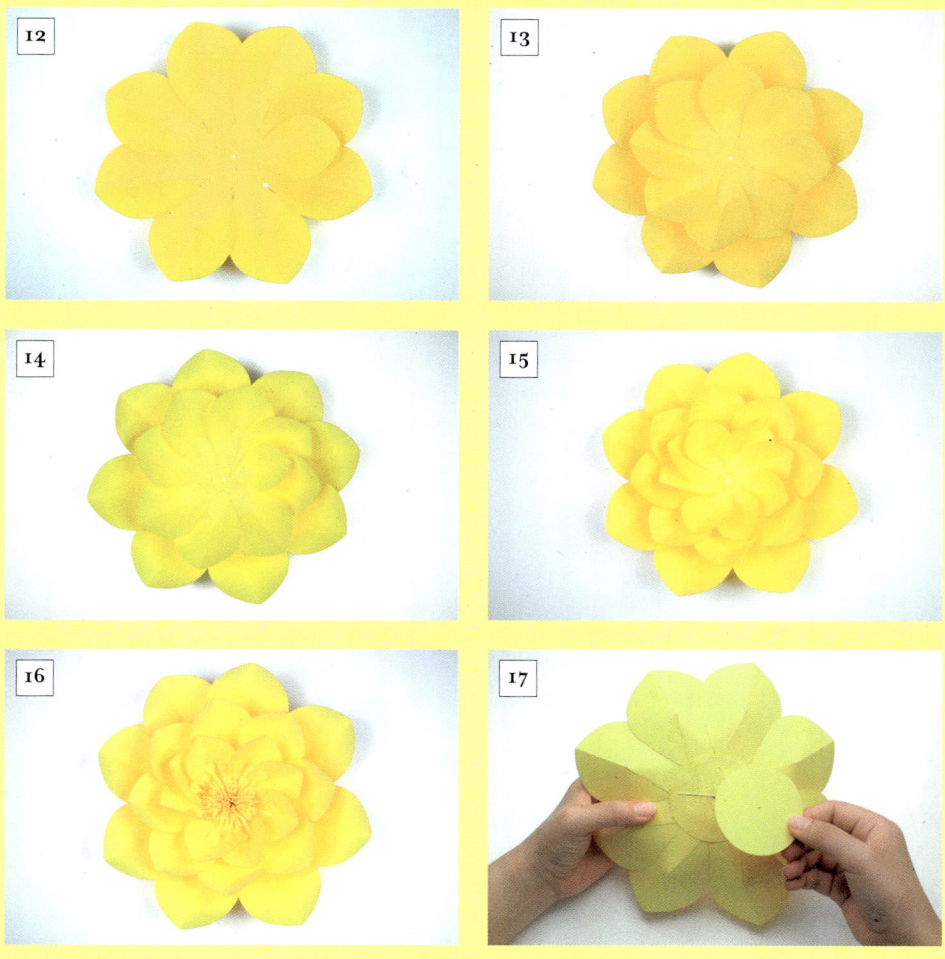

Magnolia
목련

볼륨법 08 활용

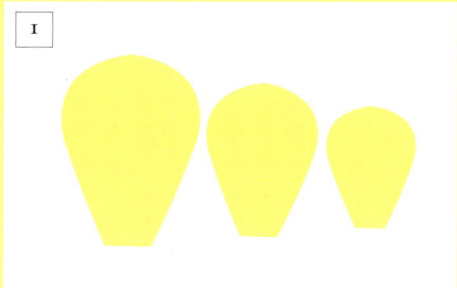

목련의 꽃잎 도안 대 8장, 중 8장, 소 8장을
준비한다.

꽃잎의 오른쪽 위를 곧은자를 사용하여
뒤로 넘긴다.

꽃잎을 뒤집어서 또 오른쪽 위를 뒤로
넘긴다.

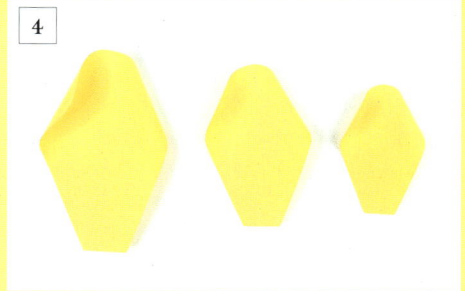

꽃잎 대 8장, 중 8장, 소 장 모두 2~3을
반복하여 볼륨을 넣는다.

【171쪽 4~17과 같은 방법으로 만든다】

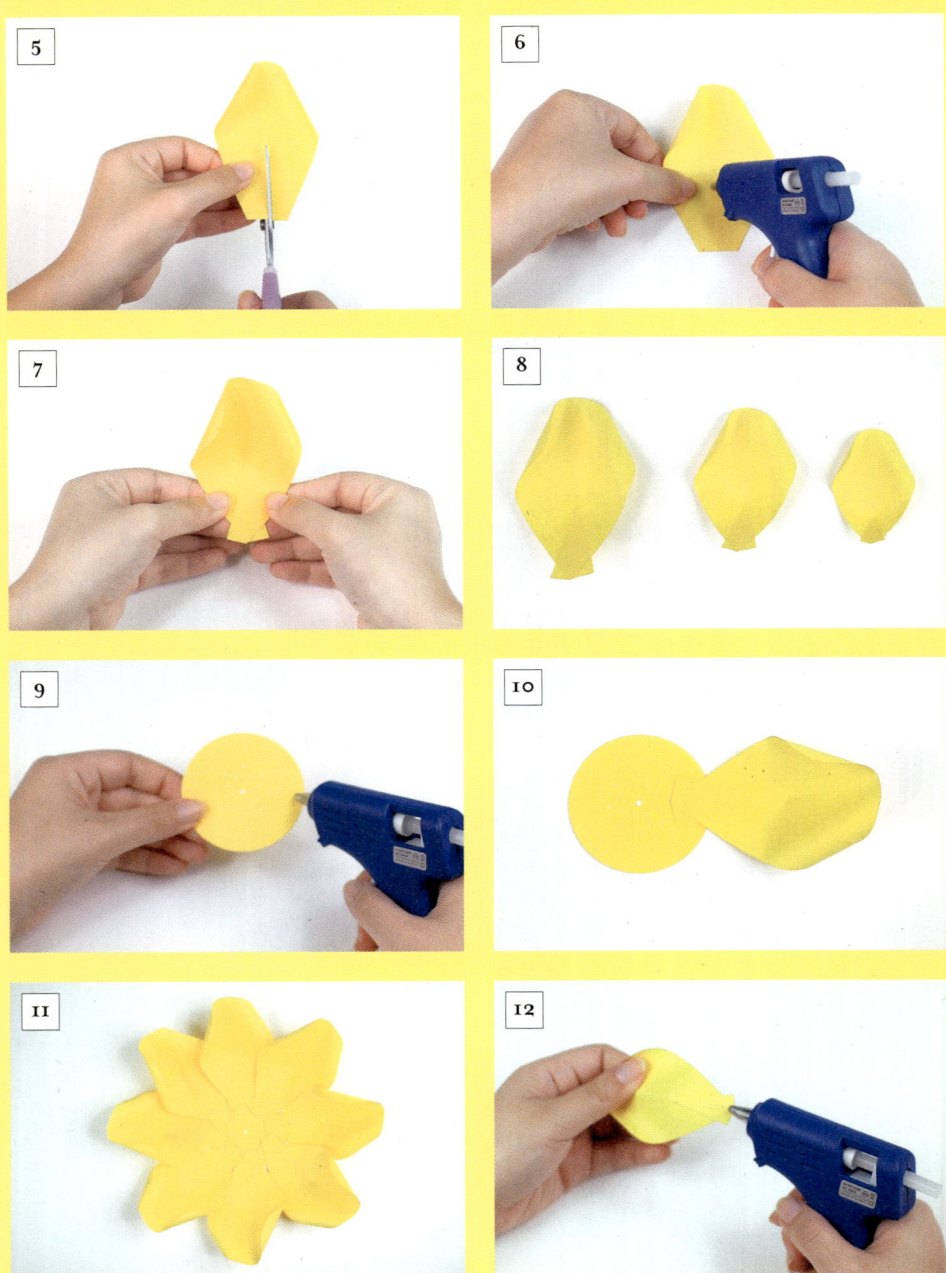

Magnolia
목련

볼륨법 09 활용

How to make

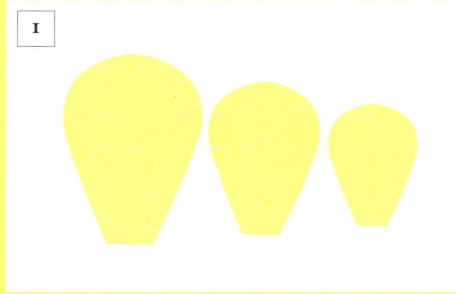

목련의 꽃잎 도안 대 8장, 중 8장, 소 8장을
준비한다.

꽃잎의 오른쪽을 곧은자를 사용하여 뒤로
넘긴다.

꽃잎의 왼쪽도 곧은자를 사용하여 뒤로
넘긴다.

꽃잎의 위쪽을 뒤로 조금만 넘긴다.

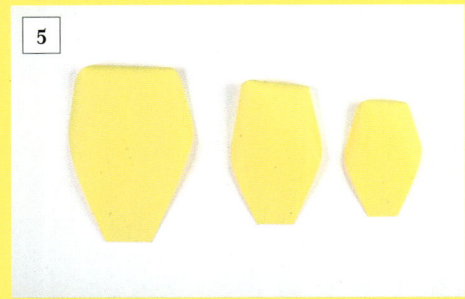

꽃잎 대 8장, 중 8장, 소 8장 모두 2~4를
반복하여 볼륨을 넣는다.

【171쪽 4~17과 같은 방법으로 만든다】

Part 2 | Paper flowers 종이꽃

Rose
장미

볼륨법 06 활용

완성 크기 : 약 18~20cm(볼륨법에 따라 다름)

How to make

【종이꽃 볼륨법 39쪽 참고】

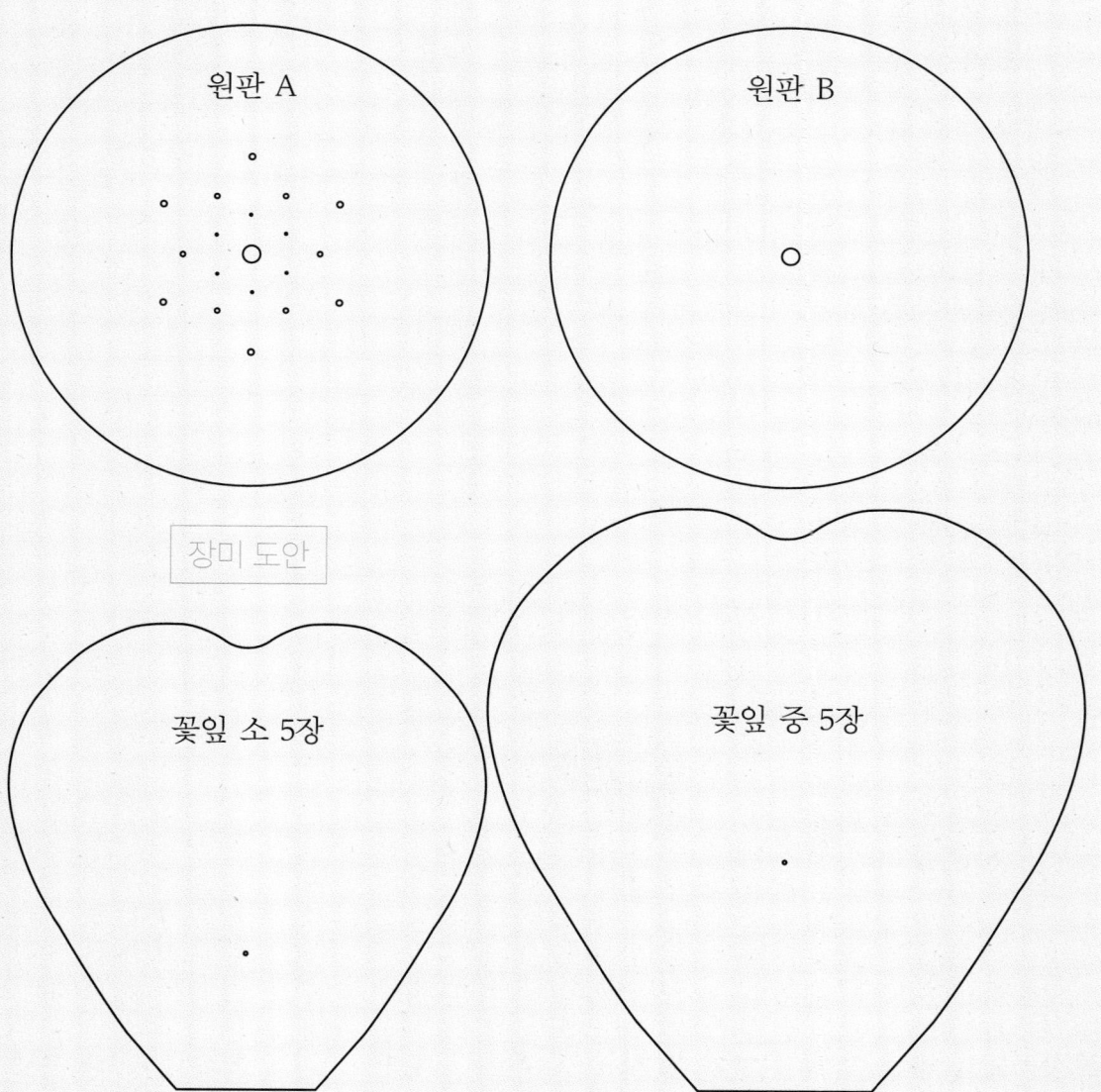

원판 A

원판 B

장미 도안

꽃잎 소 5장

꽃잎 중 5장

4cm

꽃술

38cm

꽃잎 대 5장

Rose
장미

볼륨법 03 활용

How to make

장미의 꽃잎 도안 대 5장, 중 5장,
소 5장을 준비한다.

꽃잎을 반폭으로 접는다.

오른쪽을 반의 반폭으로 접는다.

반대쪽도 반의 반폭으로 접는다.

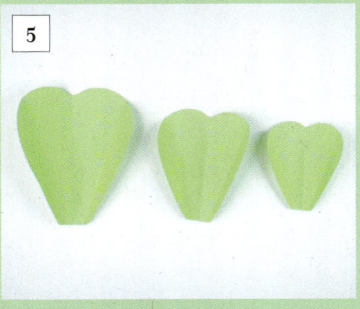

꽃잎 대 5장, 중 5장, 소 5장 모두
2~4를 반복하여 볼륨을 넣는다.

꽃잎의 아랫부분 가운데에서 작은
구멍이 있는 곳까지 가위로 자른다.

가위로 자른 부분의 왼쪽에
글루건을 세로로 길게 쏘아준다.

꽃잎 아랫부분의 왼쪽 끝과
오른쪽 끝이 가운데에서 뾰족하게
서로 만나도록 교차하여 붙인다.

꽃잎 대 5장, 중 5장, 소 5장 모두
6~8을 반복하여 꽃잎 모양을
만든다.

원판 A에 있는 구멍 중 가장
바깥쪽에 있는 구멍에서 원판
끝까지 글루건을 쏘아준다.

꽃잎 대 1장을 원판 A의 가장
바깥쪽 구멍에 맞춰서 붙인다.

꽃잎 대 5장을 시계방향으로 붙인다.
이때 5번째 꽃잎은 1번째 꽃잎의
밑으로 들어가도록 붙인다.

꽃잎 중과 소는 글루건을 원판 A가 아닌
꽃잎 아랫부분에 세로로 쏘아준다.

꽃잎 중 1장을 꽃잎 대와 대 사이에,
원판 A의 중간 줄 구멍에 맞춰서 붙인다.

꽃잎 중 5장을 시계방향으로 붙인다.
이때 5번째 꽃잎은 1번째 꽃잎의 밑으로
들어가도록 붙인다.

꽃잎 소 1장을 꽃잎 중과 중 사이에,
원판 A의 안쪽 구멍에 맞춰서 붙인다.

꽃잎 소 5장을 시계방향으로 붙인다.
이때 5번째 꽃잎은 1번째 꽃잎의 밑으로
들어가도록 붙인다.

꽃술의 철사를 꽃 가운데 구멍으로
통과시켜 꽃술을 넣는다.

꽃 뒷면에서 꽃술의 철사를 양쪽으로 당긴
후 원판 A 밖으로 튀어나오지 않게 자른다.
원판 A의 테두리와 철사에 글루건을
쏘아주고 원판 B를 붙인다.

볼륨법 05 활용

Rose
장미

볼륨법 05 활용

How to make

장미의 꽃잎 도안 대 5장, 중 5장, 소 5장을
준비한다.

꽃잎을 반폭으로 접는다.

꽃잎의 오른쪽을 곧은자를 사용하여 뒤로
넘긴다.

꽃잎의 왼쪽도 곧은자를 사용하여 뒤로
넘긴다.

꽃잎 대 5장, 중 5장, 소 5장 모두 **2~4**를
반복하여 볼륨을 넣는다.

【190쪽 6~19와 같은 방법으로 만든다】

Rose
장미

볼륨법 07 활용

장미의 꽃잎 도안 대 5장, 중 5장, 소 5장을 준비한다.

꽃잎의 오른쪽을 곧은자를 사용하여 뒤로 넘긴다.

꽃잎의 왼쪽도 곧은자를 사용하여 뒤로 넘긴다.

꽃잎 대 5장, 중 5장, 소 5장 모두 2~3을 반복하여 볼륨을 넣는다.

【190쪽 6~19와 같은 방법으로 만든다】

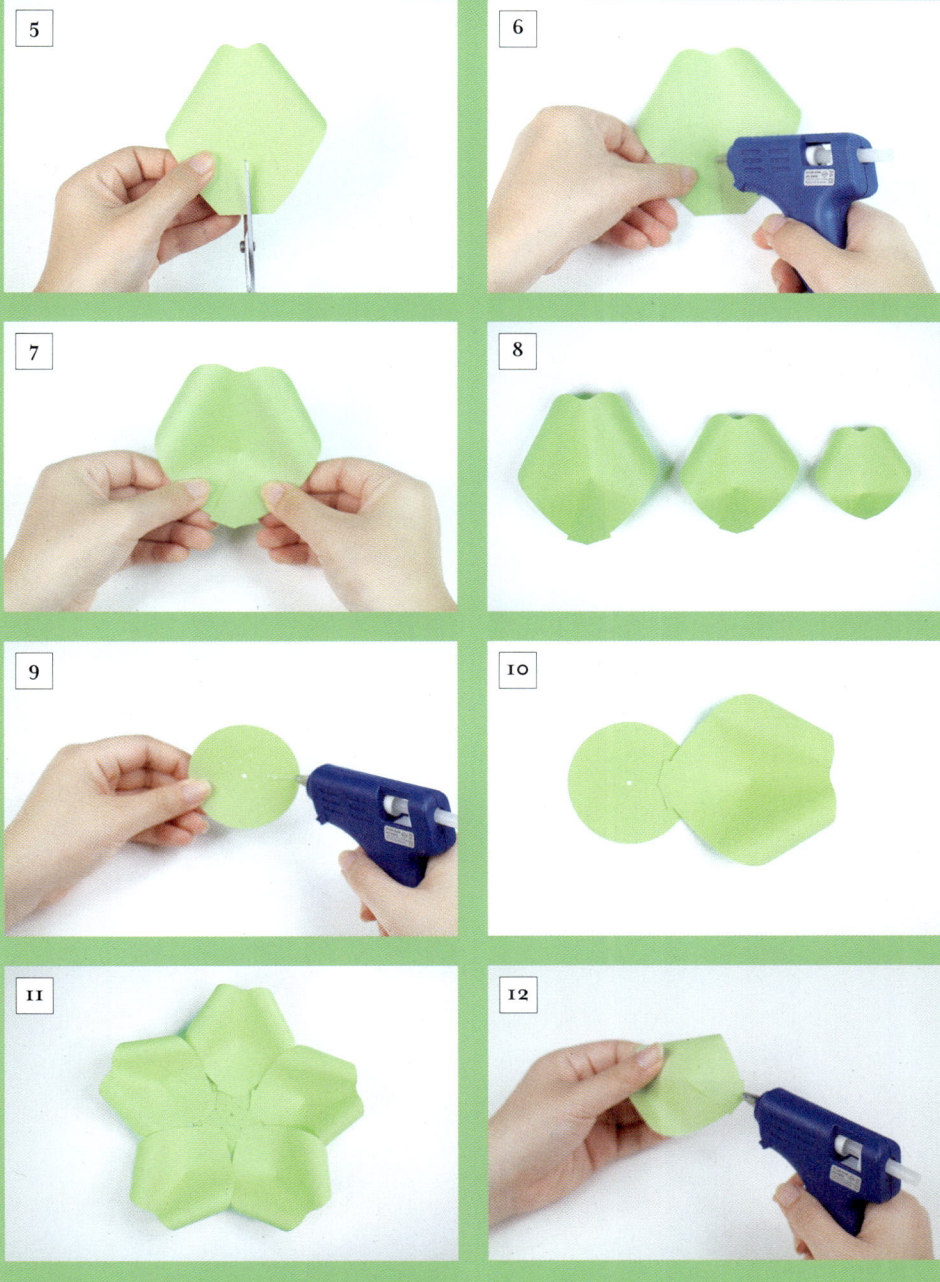

Rose
장미

볼륨법 08 활용

How to make

1 장미의 꽃잎 도안 대 5장, 중 5장, 소 5장을 준비한다.

2 꽃잎의 오른쪽 위를 곧은자를 사용하여 뒤로 넘긴다.

3 꽃잎을 뒤집어서 또 오른쪽 위를 뒤로 넘긴다.

4 꽃잎 대 5장, 중 5장, 소 5장 모두 **2~3**을 반복하여 볼륨을 넣는다.

【190쪽 6~19와 같은 방법으로 만든다】

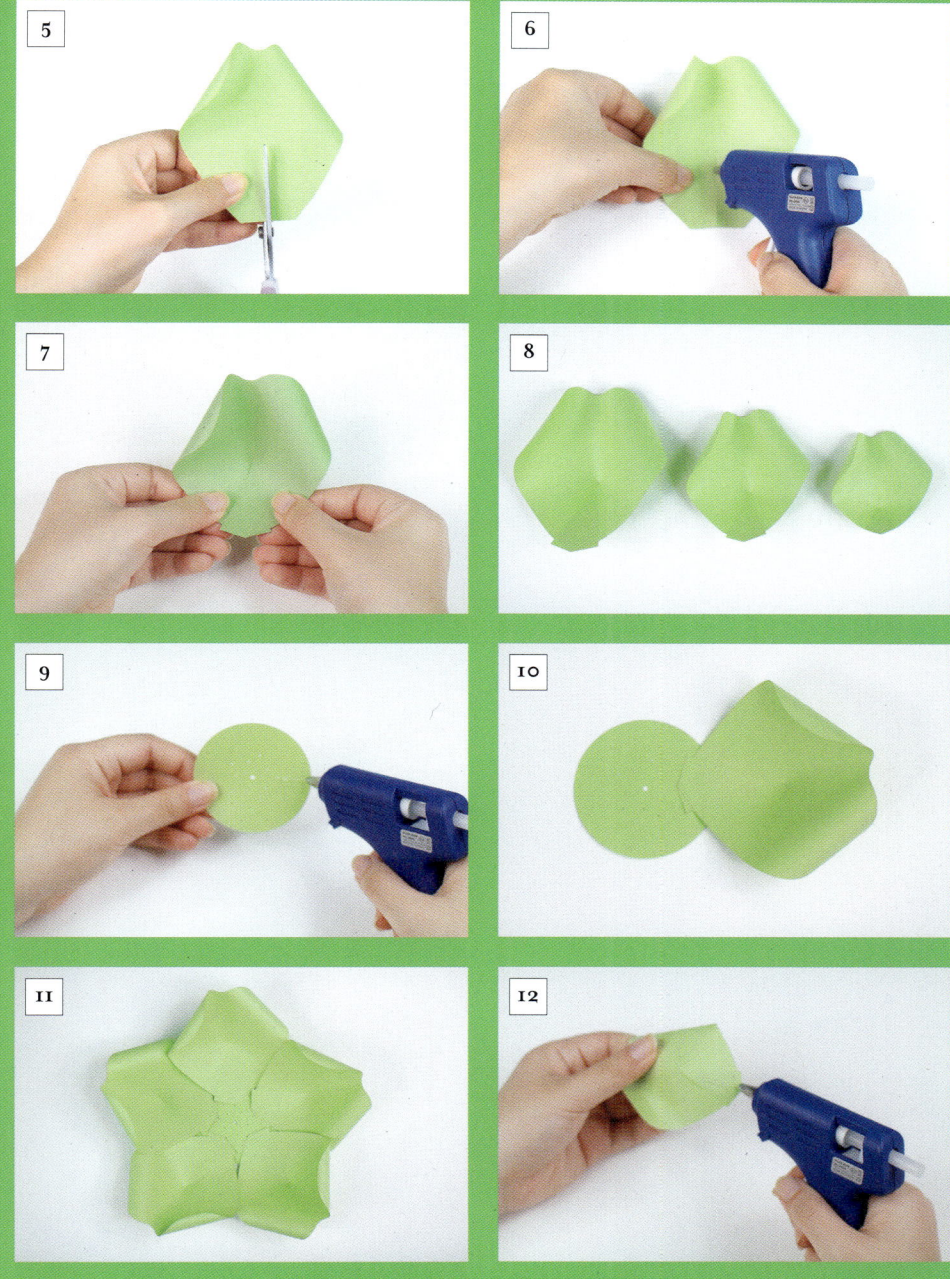

Lily of the valley
은방울꽃

볼륨법 07 활용

완성 크기 : 약 18~20cm(볼륨법에 따라 다름)

How to make

【종이꽃 볼륨법 44쪽 참고】

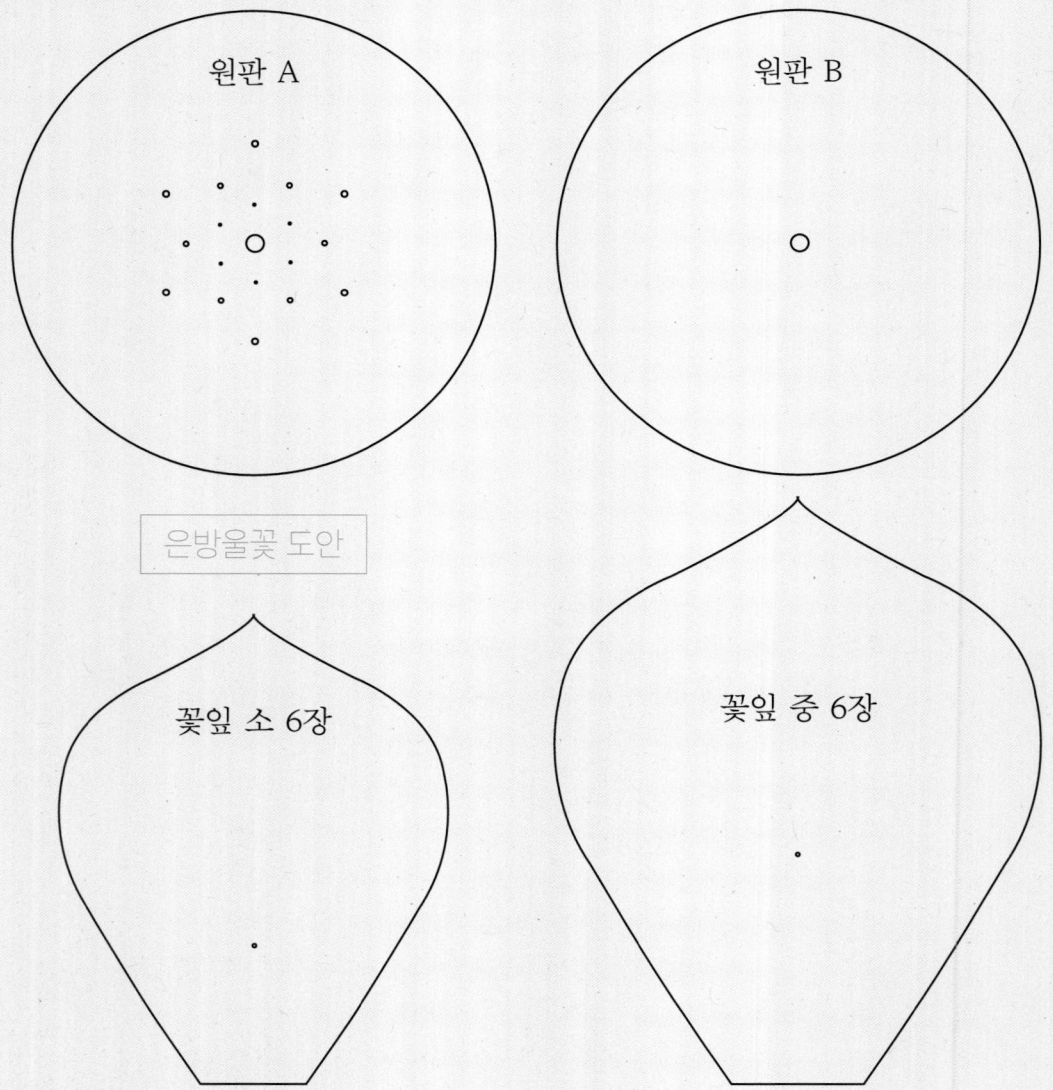

원판 A

원판 B

은방울꽃 도안

꽃잎 소 6장

꽃잎 중 6장

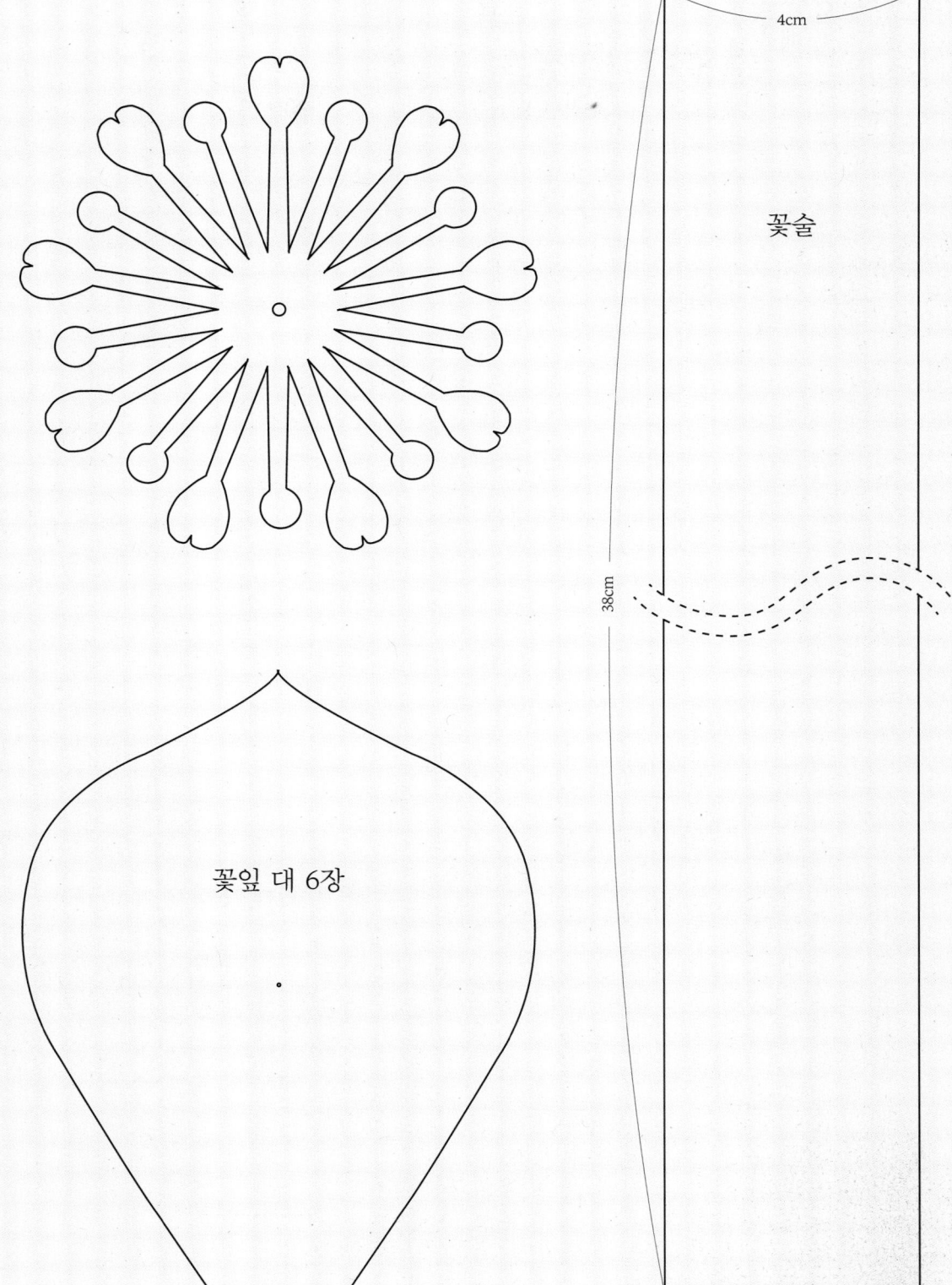

4cm

꽃술

38cm

꽃잎 대 6장

Lily of the valley
은방울꽃

볼륨법 01 활용

How to make

은방울꽃의 꽃잎 도안 대 6장, 중 6장, 소 6장을 준비한다.

곧은자를 사용하여 꽃잎의 가운데에서 위쪽으로 길게 뒤로 넘긴다.

꽃잎 대 6장, 중 6장, 소 6장 모두 2와 같은 방법으로 볼륨을 넣는다.

꽃잎의 아랫부분 가운데에서 작은 구멍이 있는 곳까지 가위로 자른다.

가위로 자른 부분의 왼쪽에 글루건을 세로로 길게 쏘아준다.

꽃잎 아랫부분의 왼쪽 끝과 오른쪽 끝이 가운데에서 뾰족하게 서로 만나도록 교차하여 붙인다.

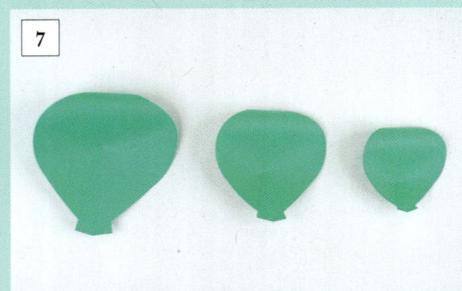

꽃잎 대 6장, 중 6장, 소 6장 모두 4~6을
반복하여 꽃잎 모양을 만든다.

원판 A에 있는 구멍 중 가장 바깥쪽에 있는
구멍에서 원판 끝까지 글루건을 쏘아준다.

꽃잎 대 1장을 원판 A의 가장 바깥쪽
구멍에 맞춰서 붙인다.

꽃잎 대 6장을 시계방향으로 붙인다.
이때 6번째 꽃잎은 1번째 꽃잎의 밑으로
들어가도록 붙인다.

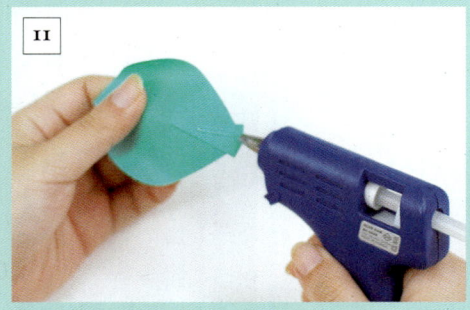

꽃잎 중과 소는 글루건을 원판 A가 아닌
꽃잎 아랫부분에 세로로 쏘아준다.

꽃잎 중 1장을 꽃잎 대와 대 사이에,
원판 A의 중간 줄 구멍에 맞춰서 붙인다.

꽃잎 중 6장을 시계방향으로 붙인다.
이때 6번째 꽃잎은 1번째 꽃잎의 밑으로
들어가도록 붙인다.

꽃잎 소 1장을 꽃잎 중과 중 사이에,
원판 A의 안쪽 구멍에 맞춰서 붙인다.

꽃잎 소 6장을 시계방향으로 붙인다.
이때 6번째 꽃잎은 1번째 꽃잎의 밑으로
들어가도록 붙인다.

꽃술의 철사를 꽃 가운데 구멍으로
통과시켜 꽃술을 넣는다.

꽃 뒷면에서 꽃술의 철사를 양쪽으로 당긴
후 원판 A 밖으로 튀어나오지 않게 자른다.
원판 A의 테두리와 철사에 글루건을
쏘아주고 원판 B를 붙인다.

Lily of the valley
은방울꽃

볼륨법 04 활용

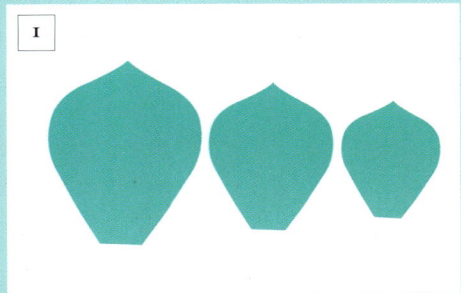

은방울꽃의 꽃잎 도안 대 6장, 중 6장, 소 6장을 준비한다.

꽃잎을 반폭으로 접는다.

꽃잎 위쪽 가운데 부분에 글루건을 쏘아준다.

글루건이 굳기 전에 손끝으로 살짝 집어 붙인다.

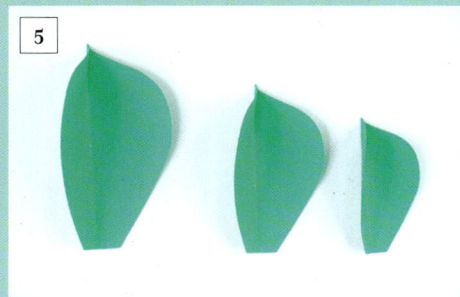

꽃잎 대 6장, 중 6장, 소 6장 모두 2~4를
반복하여 볼륨을 넣는다.

【209쪽 4~17과 같은 방법으로 만든다】

Part 2 | Paper flowers **종이꽃**

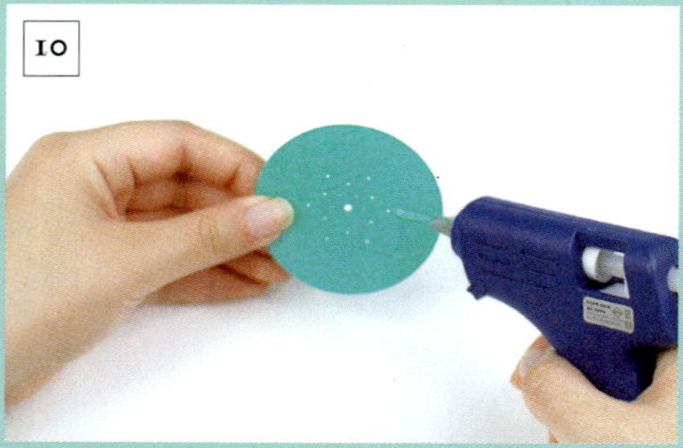

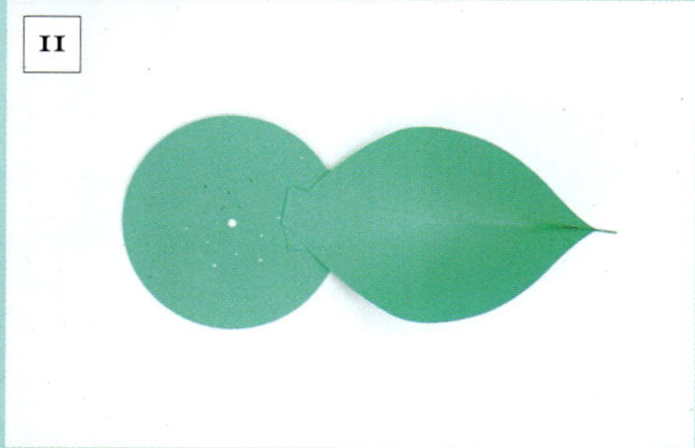

Lily of the valley
은방울꽃

볼륨법 06 활용

How to make

은방울꽃의 꽃잎 도안 대 6장, 중 6장, 소 6장을 준비한다.

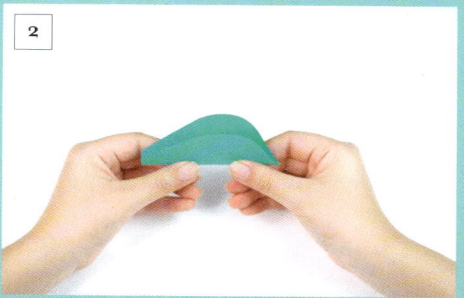

꽃잎을 반폭으로 접는다.

꽃잎의 오른쪽 위를 곧은자를 사용하여 뒤로 넘긴다.

꽃잎을 뒤집어서 또 오른쪽 위를 뒤로 넘긴다.

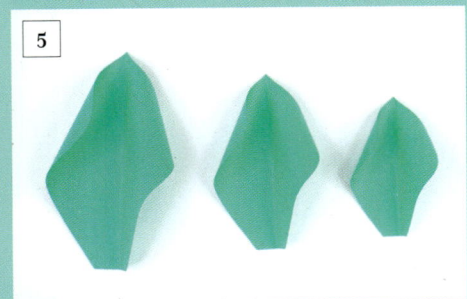

꽃잎 대 6장, 중 6장, 소 6장 모두 2~4를
반복하여 볼륨을 넣는다.

【209쪽 4~17과 같은 방법으로 만든다】

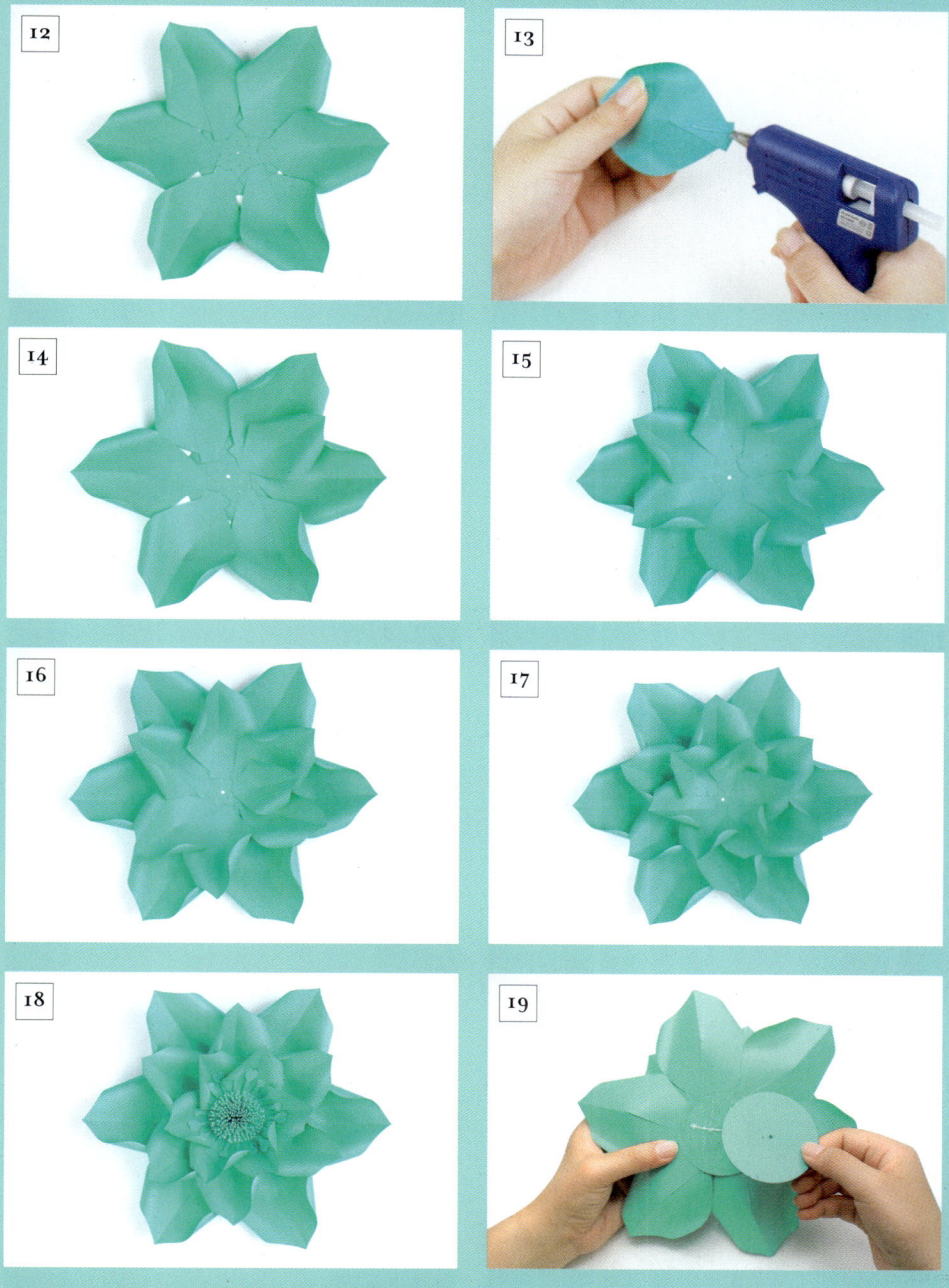

Lily of the valley

은방울꽃

볼륨법 10 활용

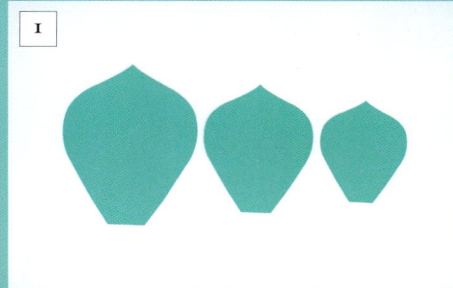

은방울꽃의 꽃잎 도안 대 6장, 중 6장, 소 6장을 준비한다.

꽃잎의 오른쪽을 곧은자를 사용하여 뒤로 넘긴다.

꽃잎의 왼쪽도 곧은자를 사용하여 뒤로 넘긴다.

도안을 뒤집어서 꽃잎의 위쪽을 앞으로 조금만 넘긴다.

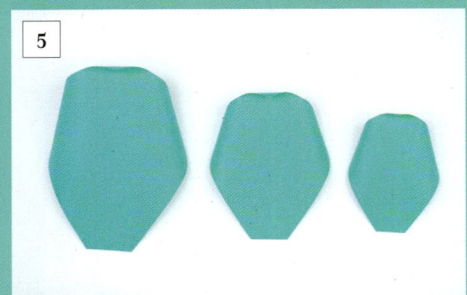

꽃잎 대 6장, 중 6장, 소 6장 모두 2~4를
반복하여 볼륨을 넣는다.

【209쪽 4~17과 같은 방법으로 만든다】

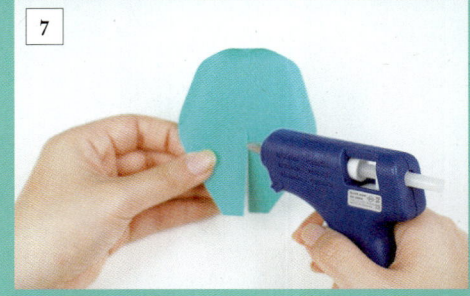

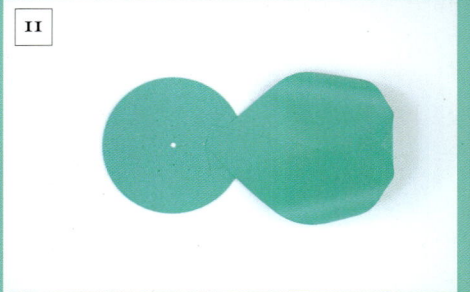

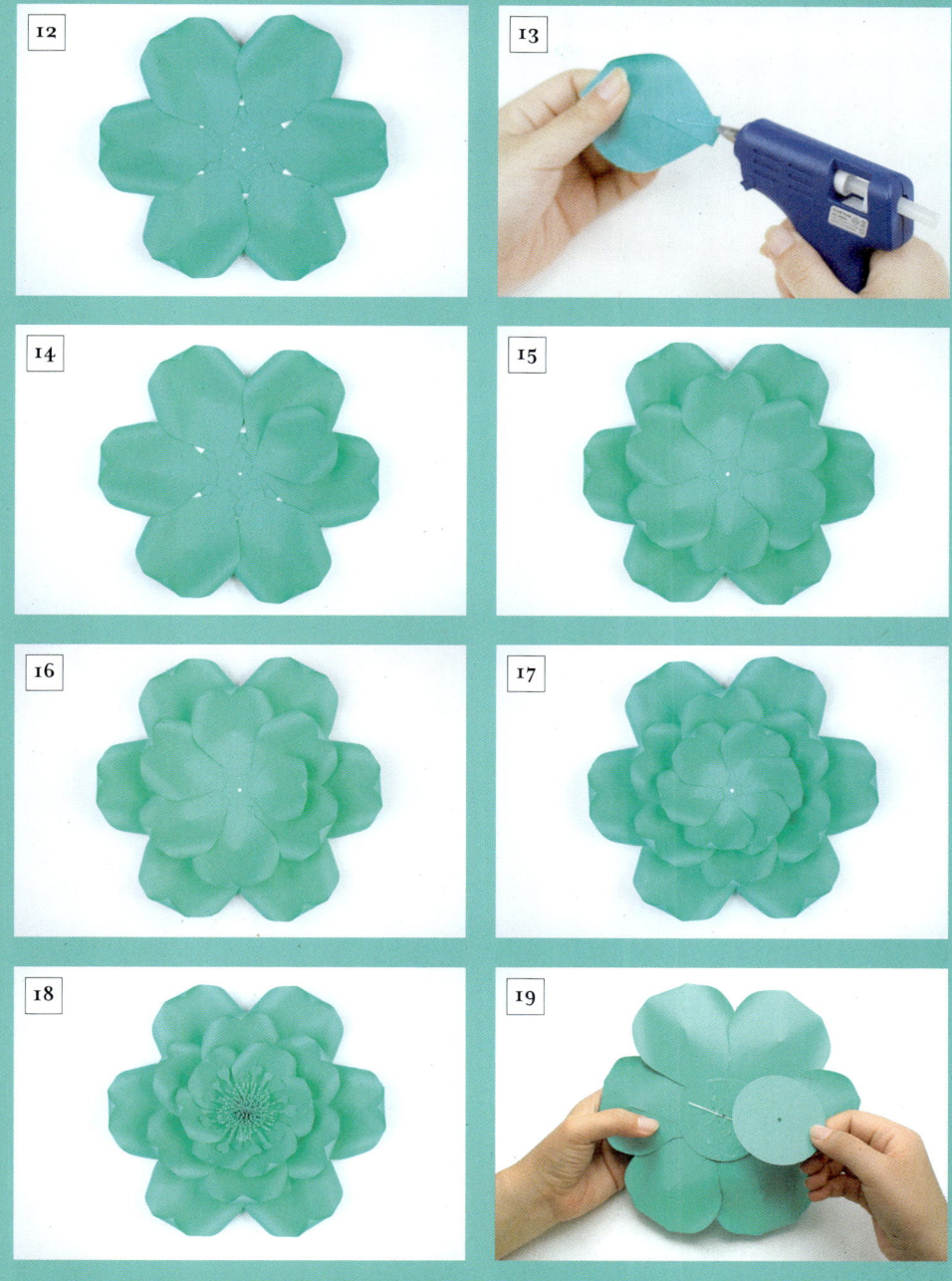

Peony root
작약

볼륨법 08 활용

완성 크기 : 약 18~20cm(볼륨법에 따라 다름)

How to make

【종이꽃 볼륨법 49쪽 참고】

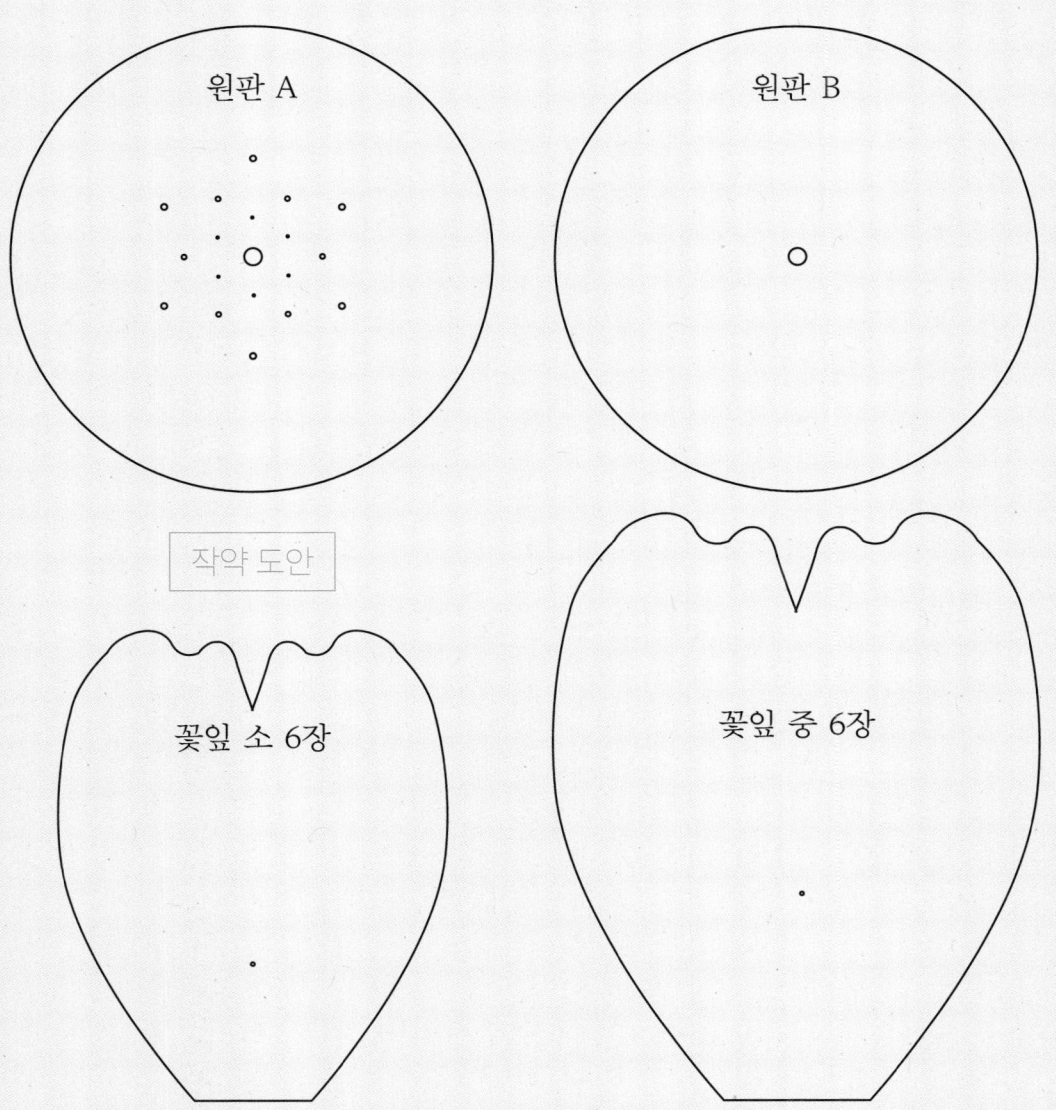

원판 A

원판 B

작약 도안

꽃잎 소 6장

꽃잎 중 6장

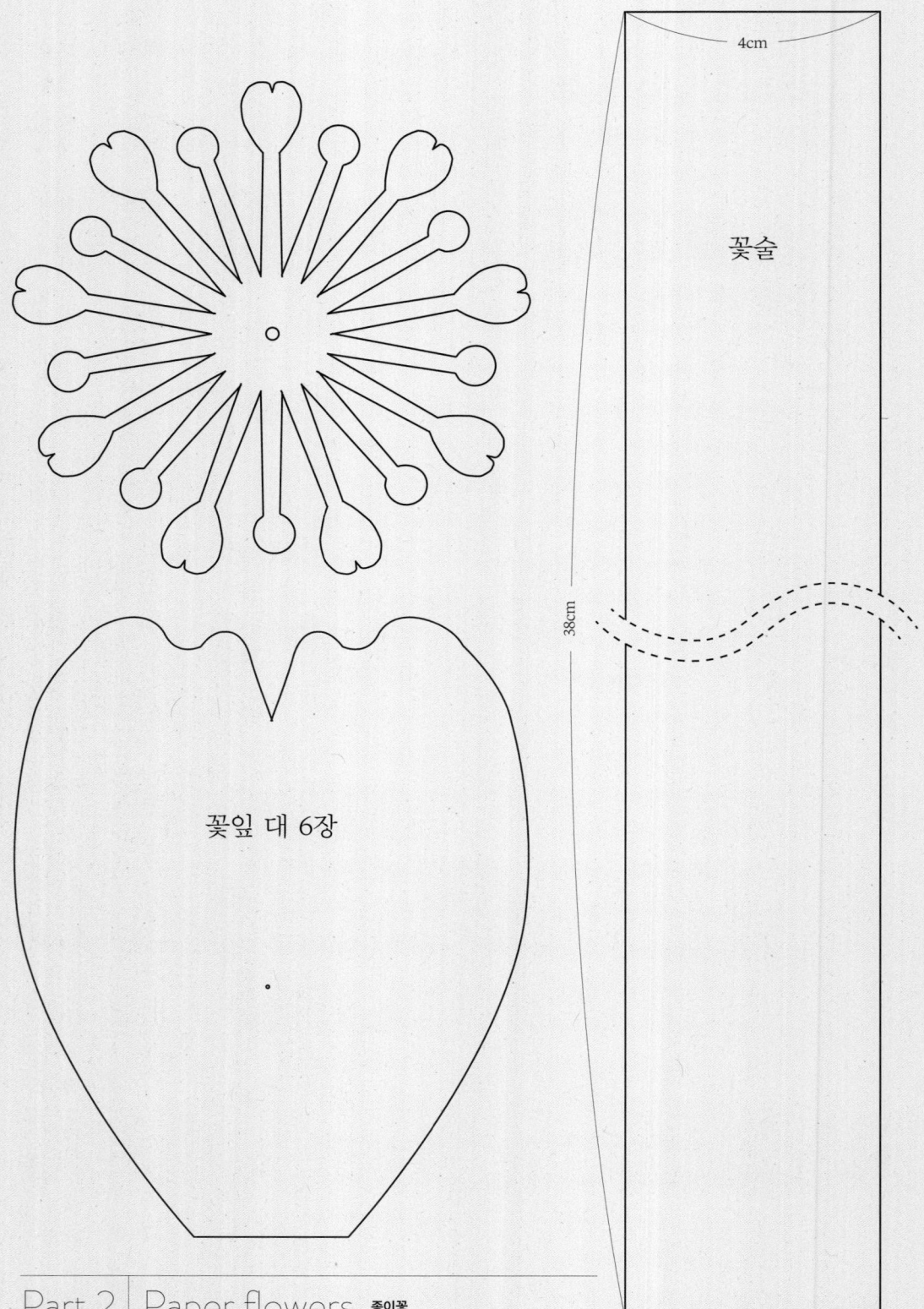

꽃술

4cm

38cm

꽃잎 대 6장

Peony root
작약

볼륨법 02 활용

How to make

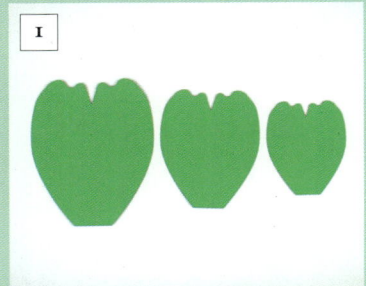

작약의 꽃잎 도안 대 6장, 중 6장,
소 6장을 준비한다.

꽃잎을 반폭으로 접는다.

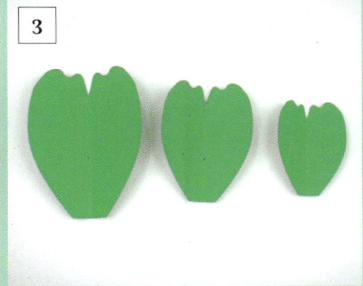

꽃잎 대 6장, 중 6장, 소 6장 모두
2처럼 볼륨을 넣는다.

꽃잎의 아랫부분 가운데에서
작은 구멍이 있는 곳까지 가위로
자른다.

가위로 자른 부분의 왼쪽에
글루건을 세로로 길게 쏘아준다.

꽃잎 아랫부분의 왼쪽 끝과 오른쪽
끝이 가운데에서 뾰족하게 서로
만나도록 교차하여 붙인다.

꽃잎 대 6장, 중 6장, 소 6장 모두 **4~6**을
반복하여 꽃잎 모양을 만든다.

원판 A에 있는 구멍 중 가장 바깥쪽에 있는
구멍에서 원판 끝까지 글루건을 쏘아준다.

꽃잎 대 1장을 원판 A의 가장 바깥쪽
구멍에 맞춰서 붙인다.

꽃잎 대 6장을 시계방향으로 붙인다.
이때 6번째 꽃잎은 1번째 꽃잎의 밑으로
들어가도록 붙인다.

꽃잎 중과 소는 글루건을 원판 A가 아닌
꽃잎 아랫부분에 세로로 쏘아준다.

꽃잎 중 1장을 꽃잎 대와 대 사이에,
원판 A의 중간 줄 구멍에 맞춰서 붙인다.

꽃잎 중 6장을 시계방향으로 붙인다.
이때 6번째 꽃잎은 1번째 꽃잎의 밑으로
들어가도록 붙인다.

꽃잎 소 1장을 꽃잎 중과 중 사이에,
원판 A의 안쪽 구멍에 맞춰서 붙인다.

꽃잎 소 6장을 시계방향으로 붙인다.
이때 6번째 꽃잎은 1번째 꽃잎의 밑으로
들어가도록 붙인다.

꽃술의 철사를 꽃 가운데 구멍으로
통과시켜 꽃술을 넣는다.

꽃 뒷면에서 꽃술의 철사를 양쪽으로 당긴
후 원판 A 밖으로 튀어나오지 않게 자른다.
원판 A의 테두리와 철사에 글루건을
쏘아주고 원판 B를 붙인다.

Peony root

작약

볼륨법 03 활용

작약의 꽃잎 도안 대 6장, 중 6장, 소 6장을 준비한다.

꽃잎을 반폭으로 접는다.

오른쪽을 반의 반폭으로 접는다.

반대쪽도 반의 반폭으로 접는다.

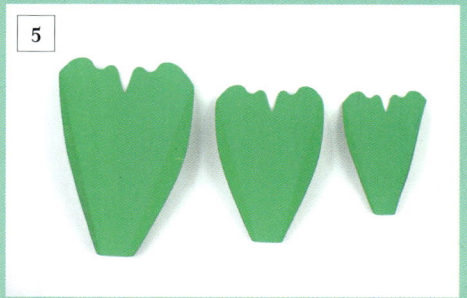

꽃잎 대 6장, 중 6장, 소 6장 모두 2~4를 반복하여 볼륨을 넣는다.

【228쪽 4~17과 같은 방법으로 만든다】

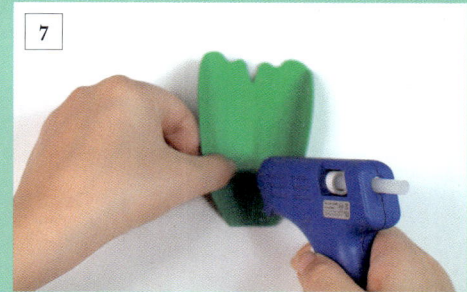

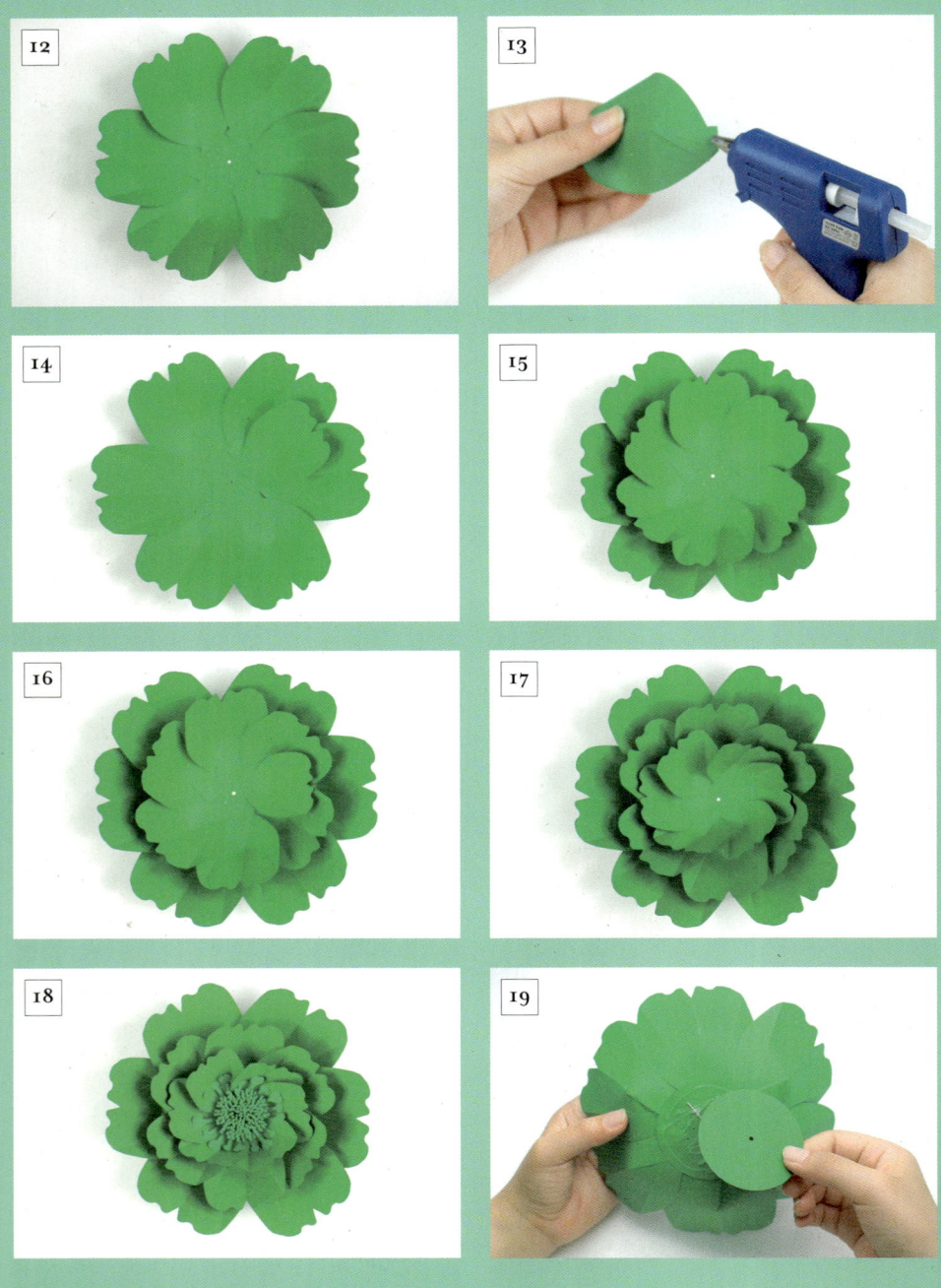

Peony root

작약

볼륨법 05 활용

작약의 꽃잎 도안 대 6장, 중 6장, 소
6장을 준비한다.

꽃잎을 반쪽으로 접는다.

꽃잎의 오른쪽을 곧은자를 사용하여 뒤로
넘긴다.

꽃잎의 왼쪽도 곧은자를 사용하여 뒤로
넘긴다.

237

꽃잎 대 6장, 중 6장, 소 6장 모두 2~4를
반복하여 볼륨을 넣는다.

【228쪽 4~17과 같은 방법으로 만든다】

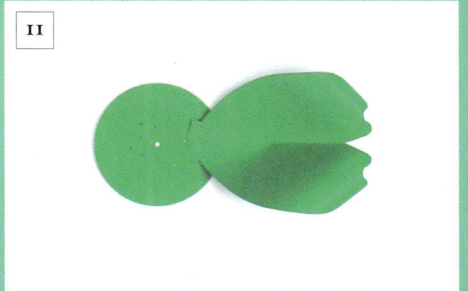

Peony root
작약

볼륨법 07 활용

작약의 꽃잎 도안 대 6장, 중 6장, 소 6장을 준비한다.

꽃잎의 오른쪽을 곧은자를 사용하여 뒤로 넘긴다.

꽃잎의 왼쪽도 곧은자를 사용하여 뒤로 넘긴다.

꽃잎 대 6장, 중 6장, 소 6장 모두 **2~3**을 반복하여 볼륨을 넣는다.

【228쪽 4~17과 같은 방법으로 만든다】

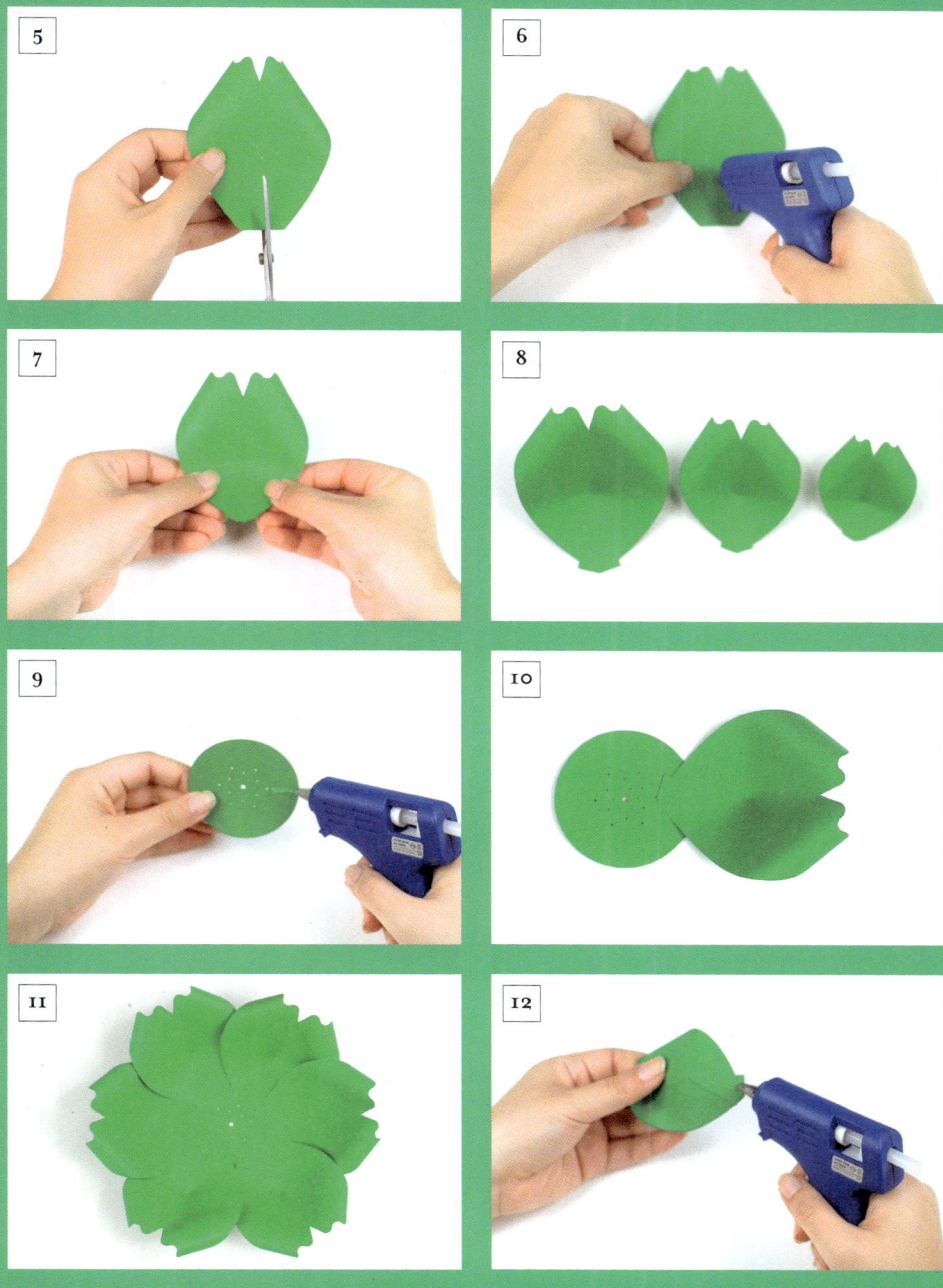

Cattleya
카틀레야

볼륨법 09 활용

완성 크기 : 약 18~20cm(볼륨법에 따라 다름)

How to make

【종이꽃 볼륨법 54쪽 참고】

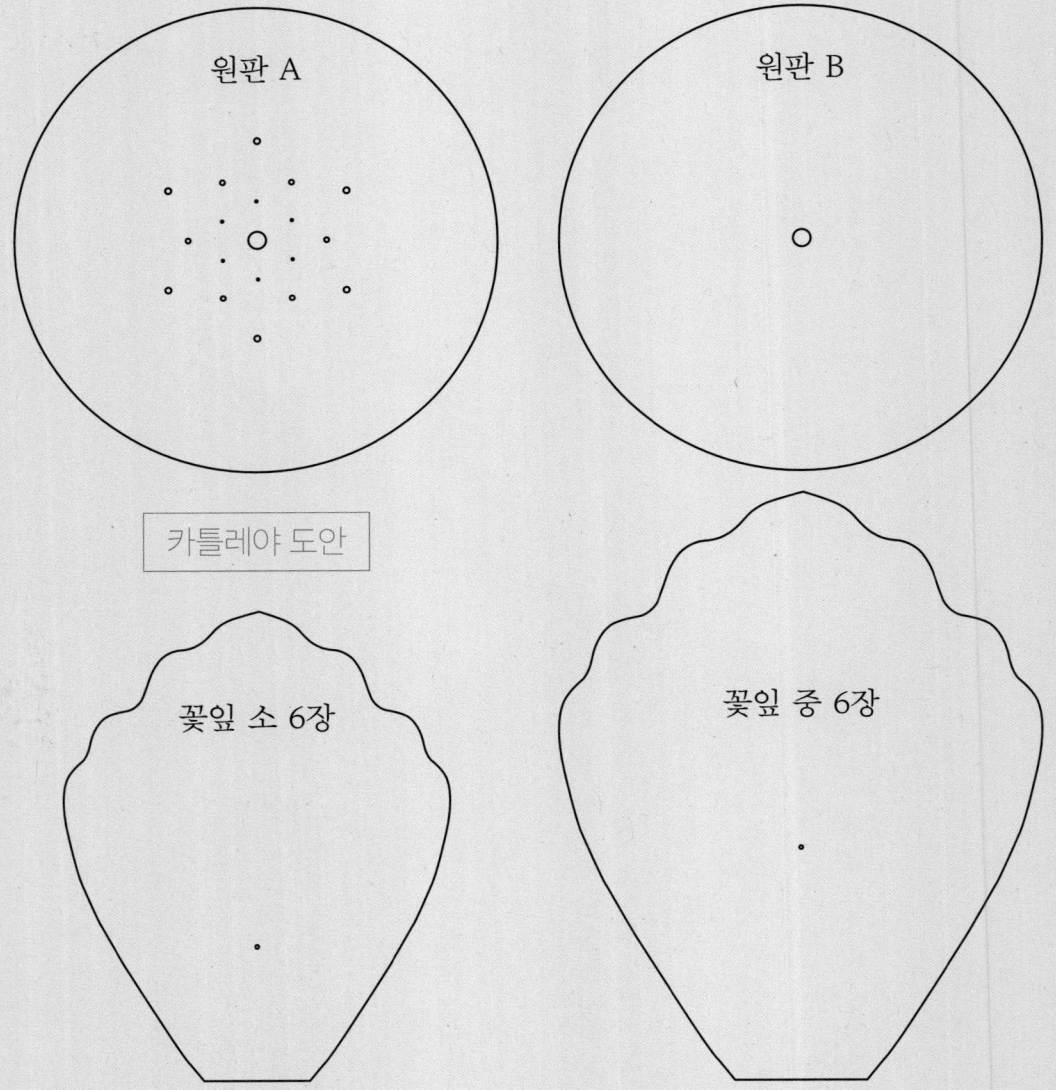

원판 A

원판 B

카틀레야 도안

꽃잎 소 6장

꽃잎 중 6장

꽃술

4cm

38cm

꽃술

꽃잎 대 6장

Cattleya
카틀레야

볼륨법 02 활용

How to make

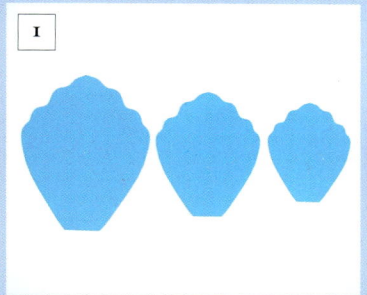

1

카틀레야의 꽃잎 도안 대 6장, 중
6장, 소 6장을 준비한다.

2

꽃잎을 반쪽으로 접는다.

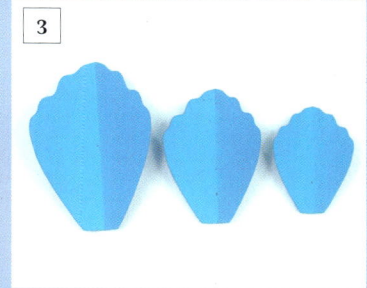

3

꽃잎 대 6장, 중 6장, 소 6장 모두
2처럼 접어서 볼륨을 넣는다.

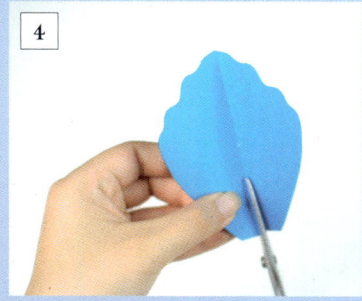

4

꽃잎의 아랫부분 가운데에서
작은 구멍이 있는 곳까지 가위로
자른다.

5

가위로 자른 부분의 왼쪽에
글루건을 세로로 길게 쏘아준다.

6

꽃잎 아랫부분의 왼쪽 끝과 오른쪽
끝이 가운데에서 뾰족하게 서로
만나도록 교차하여 붙인다.

꽃잎 대 6장, 중 6장, 소 6장 모두 **4~6**을
반복하여 꽃잎 모양을 만든다.

원판 A에 있는 구멍 중 가장 바깥쪽에 있는
구멍에서 원판 끝까지 글루건을 쏘아준다.

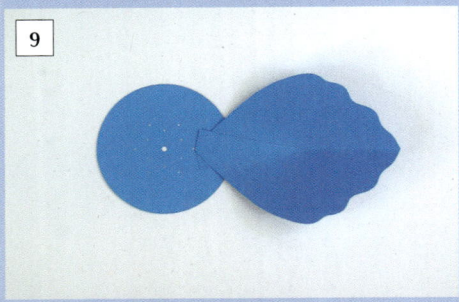

꽃잎 대 1장을 원판 A의 가장 바깥쪽
구멍에 맞춰서 붙인다.

꽃잎 대 6장을 시계방향으로 붙인다.
이때 6번째 꽃잎은 1번째 꽃잎의 밑으로
들어가도록 붙인다.

꽃잎 중과 소는 글루건을 원판 A가 아닌
꽃잎 아랫부분에 세로로 쏘아준다.

꽃잎 중 1장을 꽃잎 대와 대 사이에,
원판 A의 중간 줄 구멍에 맞춰서 붙인다.

꽃잎 중 6장을 시계방향으로 붙인다.
이때 6번째 꽃잎은 1번째 꽃잎의 밑으로
들어가도록 붙인다.

꽃잎 소 1장을 꽃잎 중과 중 사이에,
원판 A의 안쪽 구멍에 맞춰서 붙인다.

꽃잎 소 6장을 시계방향으로 붙인다.
이때 6번째 꽃잎은 1번째 꽃잎의 밑으로
들어가도록 붙인다.

꽃술의 철사를 꽃 가운데 구멍으로
통과시켜 꽃술을 넣는다.

꽃 뒷면에서 꽃술의 철사를 양쪽으로 당긴
후 원판 A 밖으로 튀어나오지 않게 자른다.
원판 A의 테두리와 철사에 글루건을
쏘아주고 원판 B를 붙인다.

Cattleya
카틀레야

볼륨법 04 활용

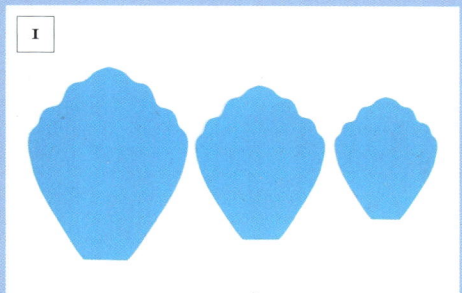

카틀레야의 꽃잎 도안 대 6장, 중 6장, 소 6장을 준비한다.

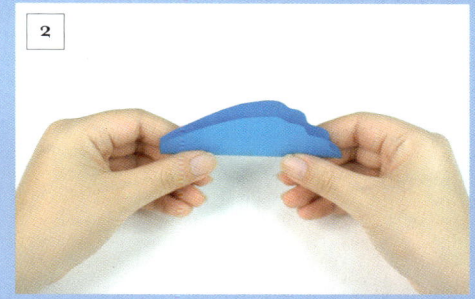

꽃잎을 반폭으로 접는다.

꽃잎 위쪽 가운데 부분에 글루건을 쏘아준다.

글루건이 굳기 전에 손끝으로 살짝 집어 붙인다.

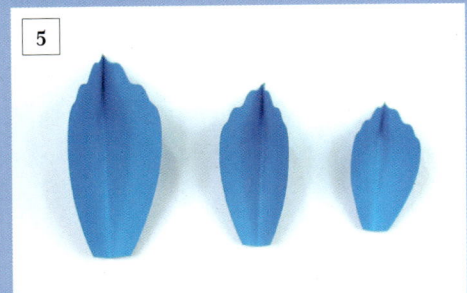

꽃잎 대 6장, 중 6장, 소 6장 모두 **2~4**를
반복하여 볼륨을 넣는다.

【247쪽 4~17과 같은 방법으로 만든다】

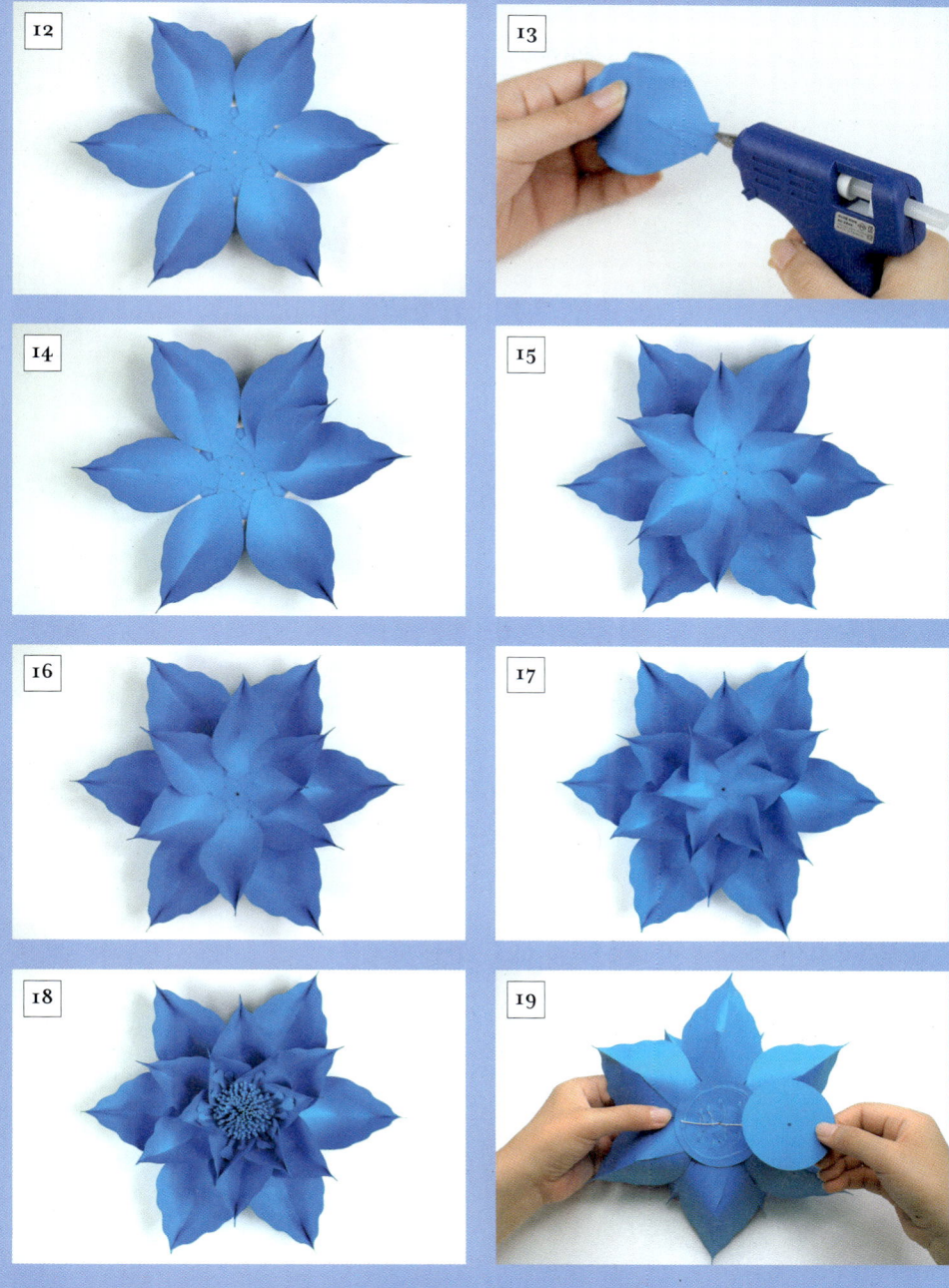

Cattleya
카틀레야

볼륨법 06 활용

How to make

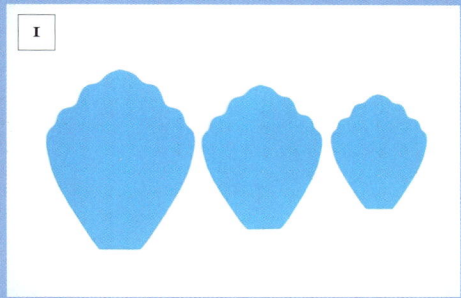

카틀레야의 꽃잎 도안 대 6장, 중 6장, 소 6장을 준비한다.

꽃잎을 반쪽으로 접는다.

꽃잎의 오른쪽 위를 곧은자를 사용하여 뒤로 넘긴다.

꽃잎을 뒤집어서 또 오른 위를 뒤로 넘긴다.

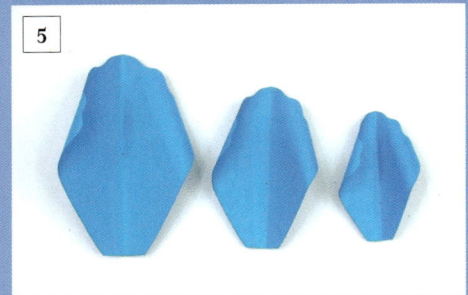

꽃잎 대 6장, 중 6장, 소 6장 모두 2~4를
반복하여 볼륨을 넣는다.

【247쪽 4~17과 같은 방법으로 만든다】

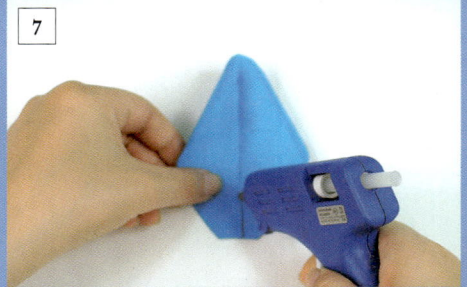

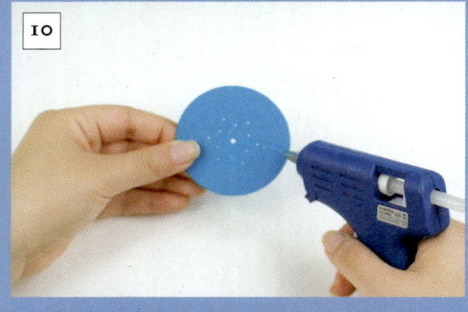

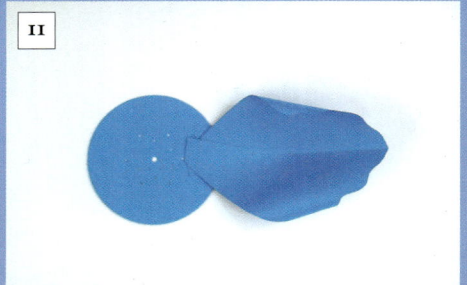

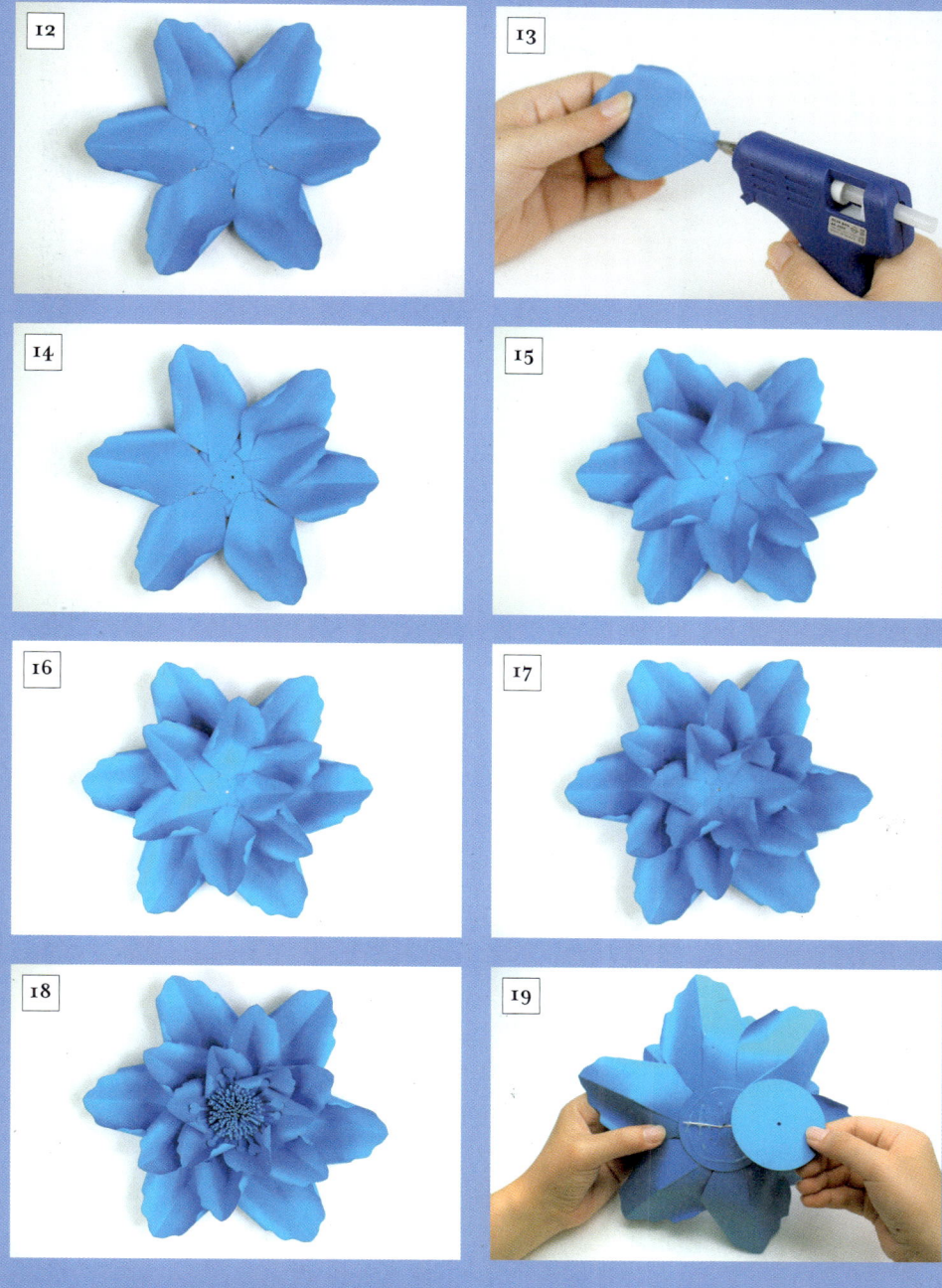

Cattleya
카틀레야

볼륨법 10 활용

카틀레야의 꽃잎 도안 대 6장, 중 6장, 소 6장을 준비한다.

꽃잎의 오른쪽을 곧은자를 사용하여 뒤로 넘긴다.

꽃잎의 왼쪽도 뒤로 넘긴다.

꽃잎을 뒤집어서 꽃잎의 위쪽을 앞으로 조금만 넘긴다.

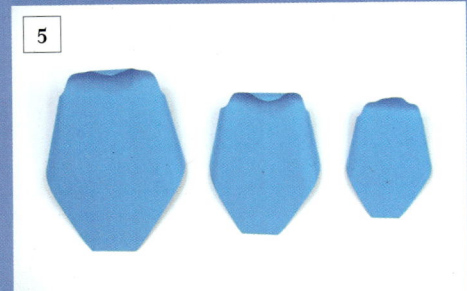

꽃잎 대 6장, 중 6장, 소 6장 모두 **2~4**를
반복하여 볼륨을 넣는다.

【247쪽 4~17과 같은 방법으로 만든다】

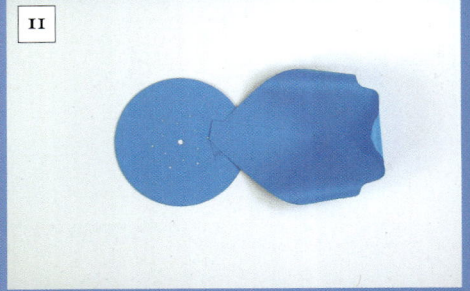

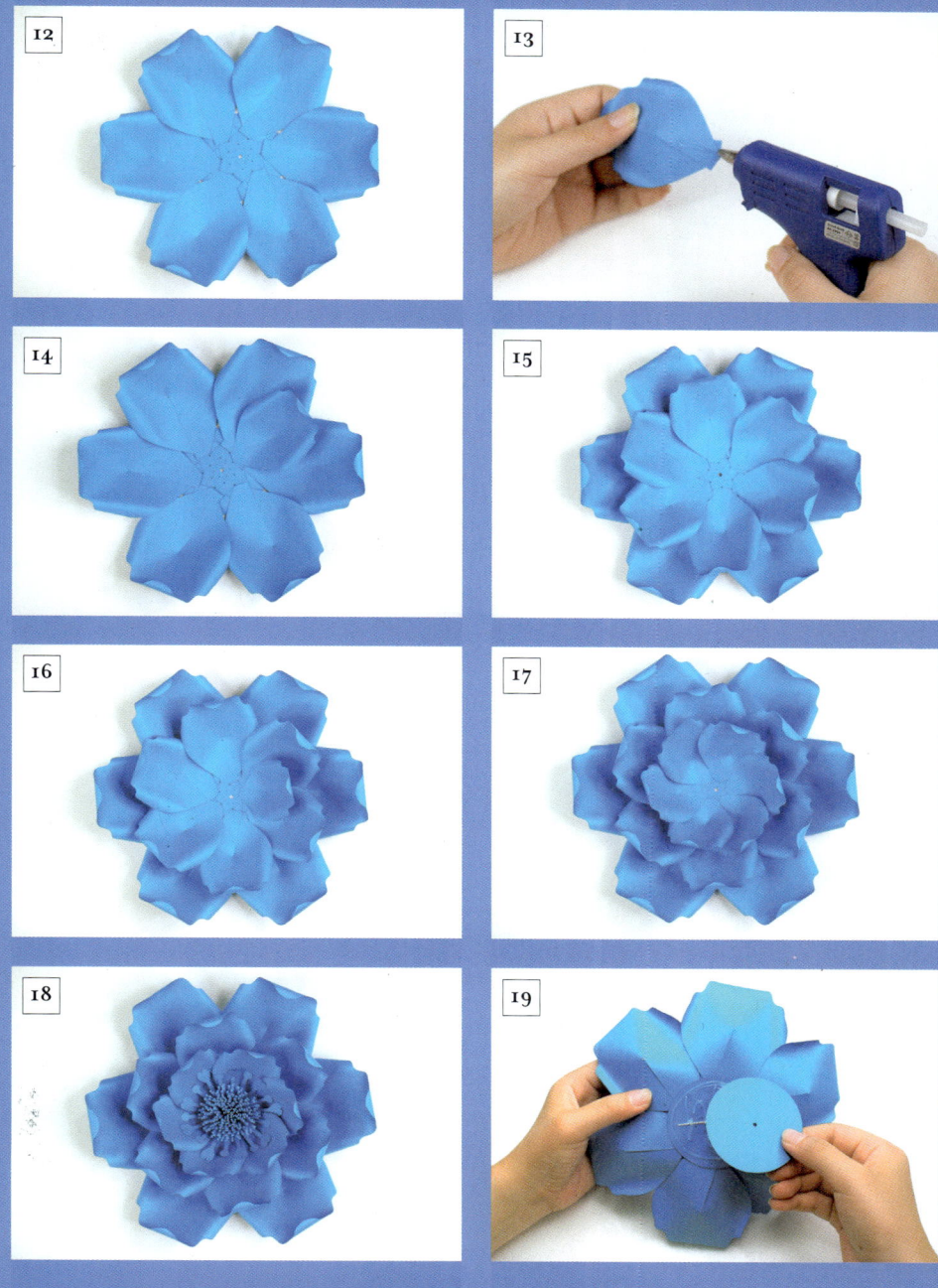

Anemone
아네모네

볼륨법 10 활용

완성 크기 : 약 18~20cm(볼륨법에 따라 다름)

How to make

【종이꽃 볼륨법 59쪽 참고】

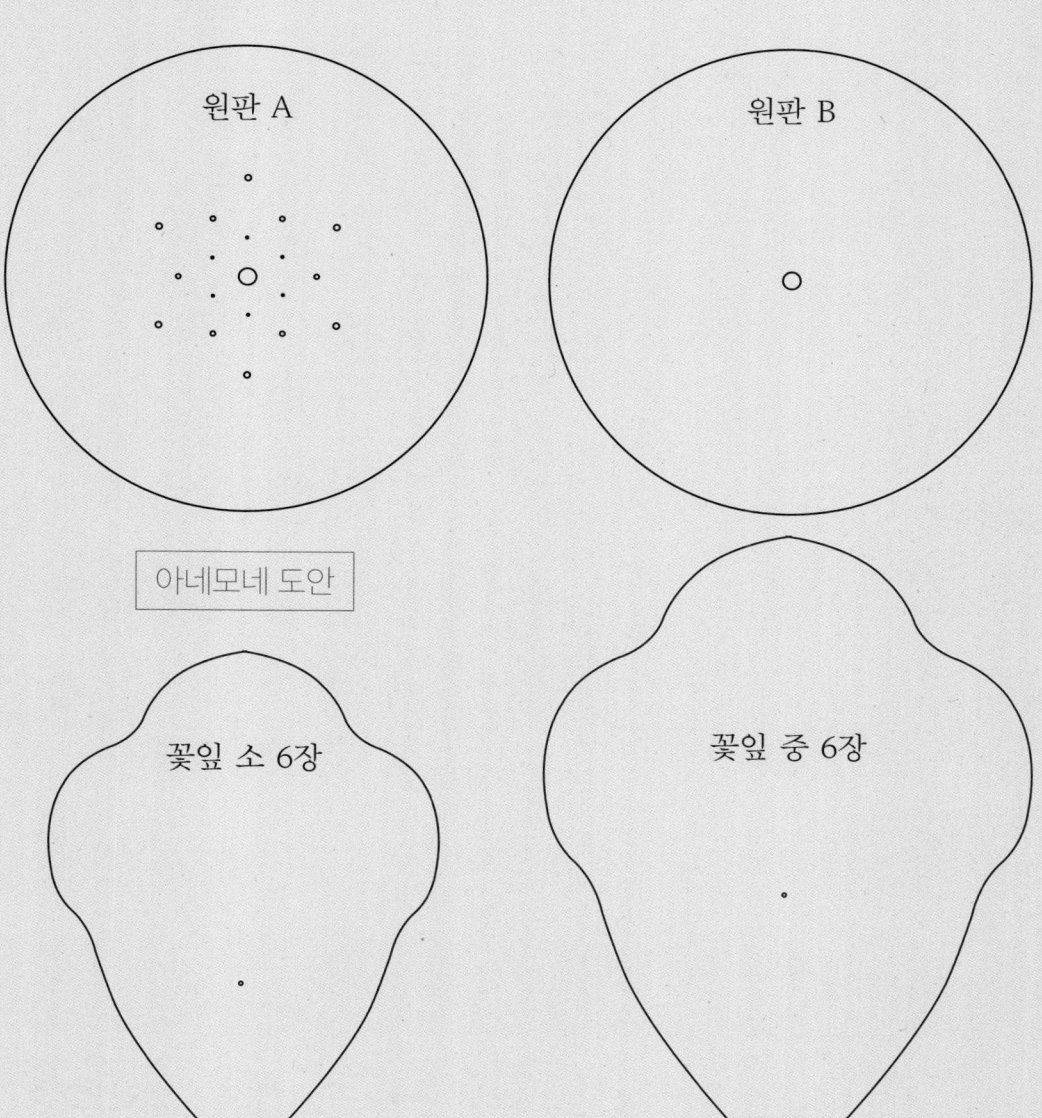

원판 A

원판 B

아네모네 도안

꽃잎 소 6장

꽃잎 중 6장

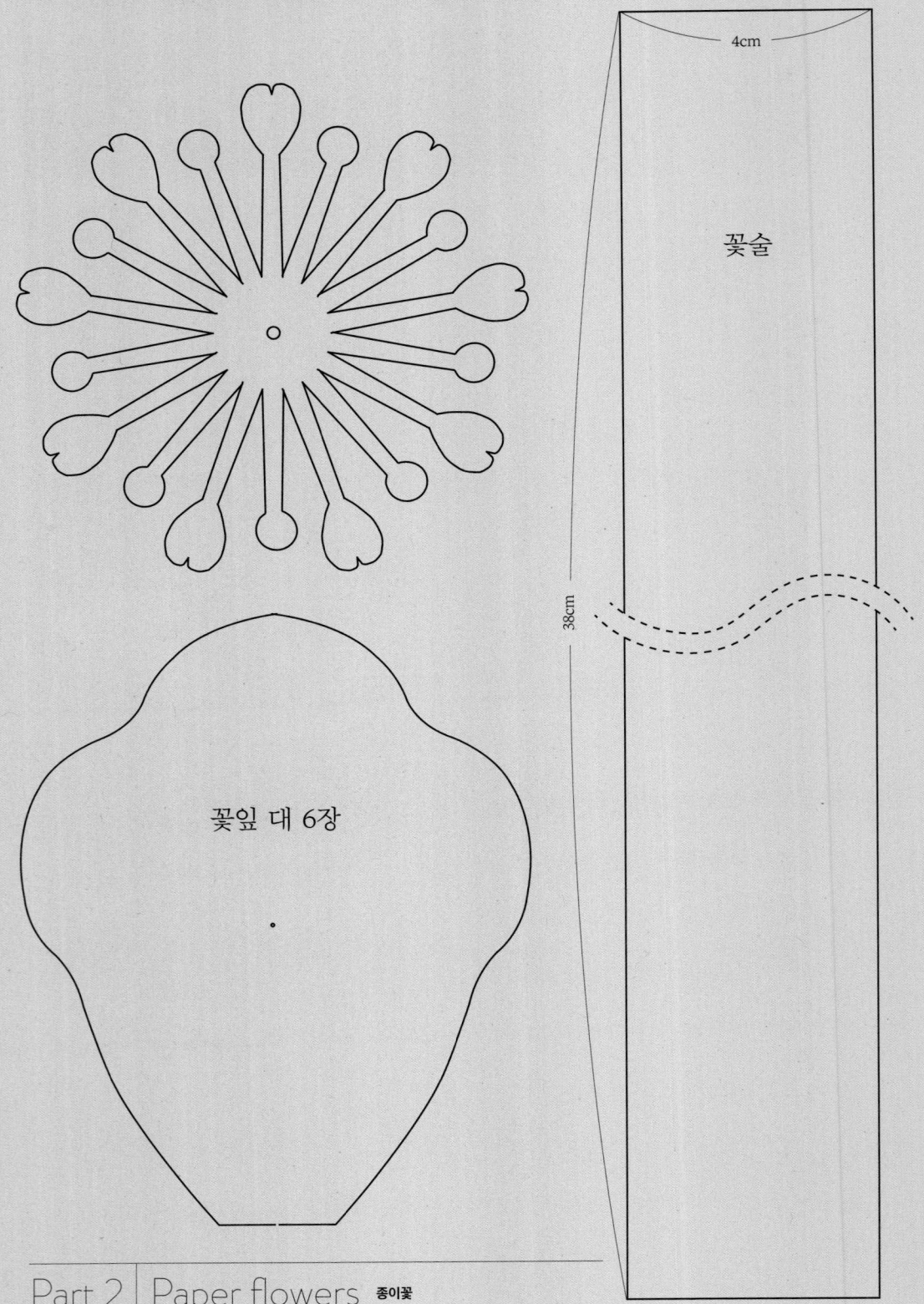

4cm

꽃술

38cm

꽃잎 대 6장

Part 2 | Paper flowers 종이꽃

Anemone
아네모네

볼륨법 03 활용

How to make

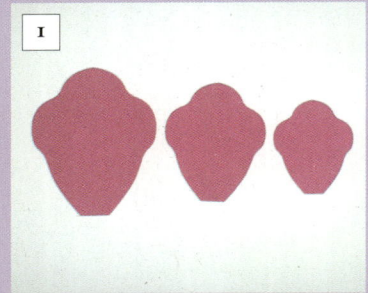

아네모네의 꽃잎 도안 대 6장, 중 6장, 소 6장을 준비한다.

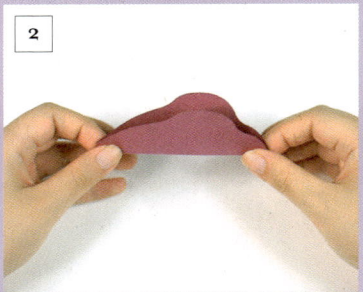

꽃잎을 반폭으로 접는다.

오른쪽을 반의 반폭으로 접는다.

반대쪽도 반의 반폭으로 접는다.

꽃잎 대 6장, 중 6장, 소 6장 모두 2~4를 반복하여 볼륨을 넣는다.

꽃잎의 아랫부분 가운데에서 작은 구멍이 있는 곳까지 가위로 자른다.

가위로 자른 부분의 왼쪽에
글루건을 세로로 길게 쏘아준다.

꽃잎 아랫부분의 왼쪽 끝과
오른쪽 끝이 가운데에서 뾰족하게
서로 만나도록 교차하여 붙인다.

꽃잎 대 6장, 중 6장, 소 6장 모두
6~8을 반복하여 꽃잎 모양을
만든다.

원판 A에 있는 구멍 중 가장
바깥쪽에 있는 구멍에서 원판
끝까지 글루건을 쏘아준다.

꽃잎 대 1장을 원판 A의 가장
바깥쪽 구멍에 맞춰서 붙인다.

꽃잎 대 6장을 시계방향으로
붙인다. 이때 6번째 꽃잎은 1번째
꽃잎의 밑으로 들어가도록 붙인다.

꽃잎 중과 소는 글루건을 원판 A가 아닌
꽃잎 아랫부분에 세로로 쏘아준다.

꽃잎 중 1장을 꽃잎 대와 대 사이에,
원판 A의 중간 줄 구멍에 맞춰서 붙인다.

꽃잎 중 6장을 시계방향으로 붙인다.
이때 6번째 꽃잎은 1번째 꽃잎의 밑으로
들어가도록 붙인다.

꽃잎 소 1장을 꽃잎 중과 중 사이에,
원판 A의 안쪽 구멍에 맞춰서 붙인다.

꽃잎 소 6장을 시계방향으로 붙인다.
이때 6번째 꽃잎은 1번째 꽃잎의 밑으로
들어가도록 붙인다.

꽃술의 철사를 꽃 가운데 구멍으로
통과시켜 꽃술을 넣는다.

꽃 뒷면에서 꽃술의 철사를 양쪽으로 당긴
후 원판 A 밖으로 튀어나오지 않게 자른다.
원판 A의 테두리와 철사에 글루건을
쏘아주고 원판 B를 붙인다.

Anemone
아네모네

볼륨법 04 활용

How to make

아네모네의 꽃잎 도안 대 6장, 중 6장, 소 6장을 준비한다.

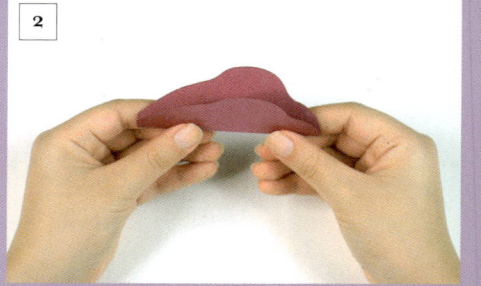

꽃잎을 반으로 접는다.

꽃잎 위쪽 가운데 부분에 글루건을 쏘아준다.

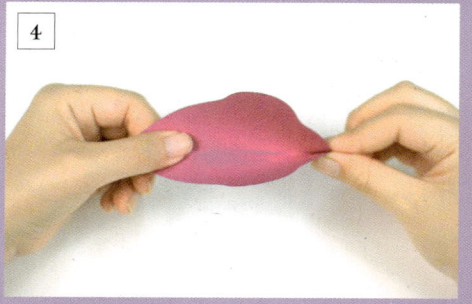

글루건이 굳기 전에 손끝으로 살짝 집어 붙인다.

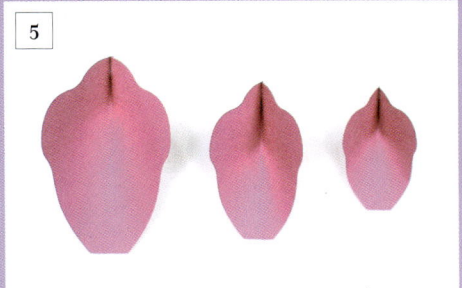

꽃잎 대 6장, 중 6장, 소 6장 모두 2~4를 반복하여 볼륨을 넣는다.

【266쪽 6~19와 같은 방법으로 만든다】

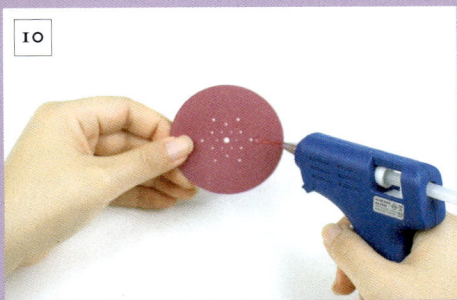

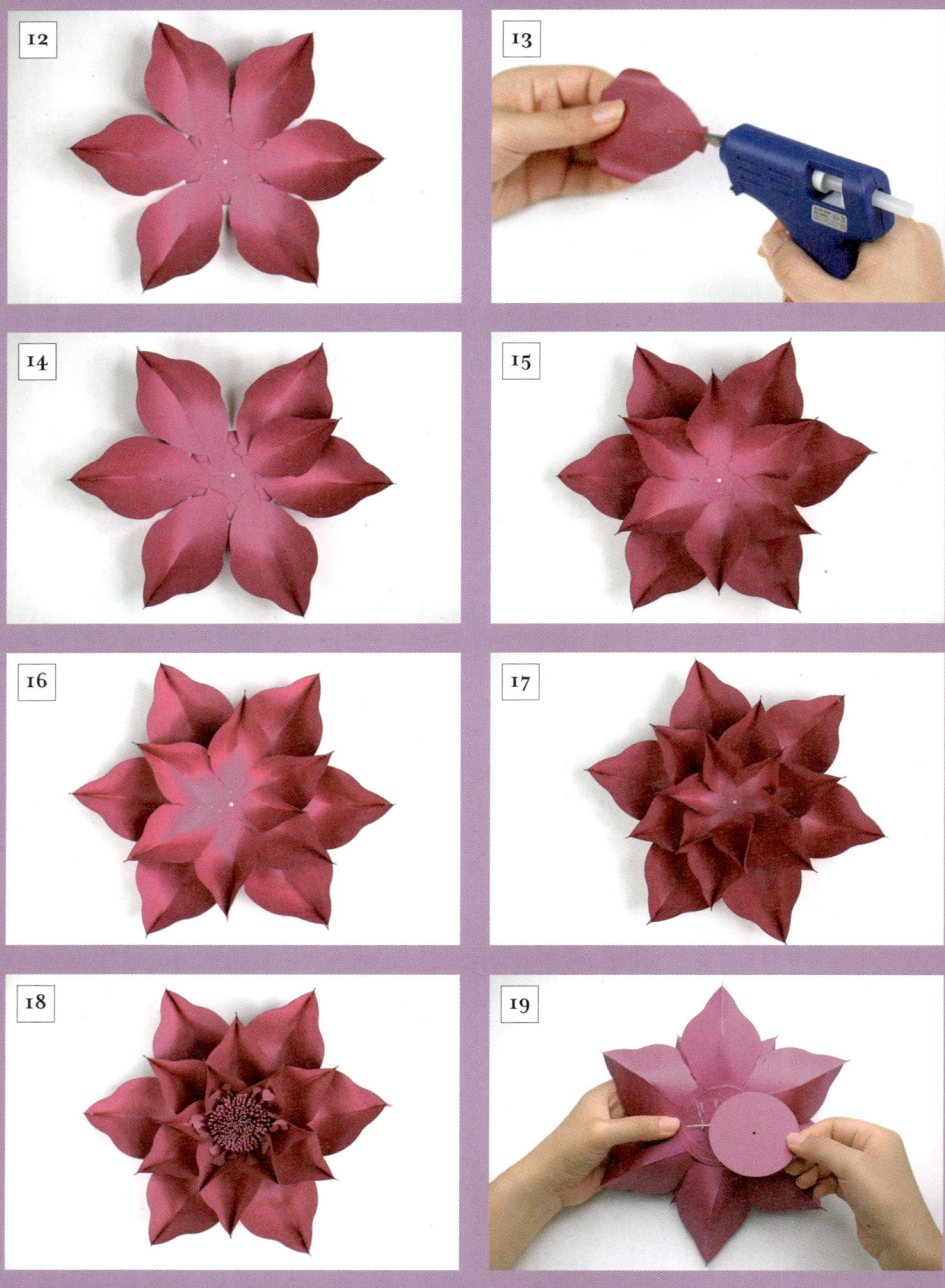

Anemone
아네모네

볼륨법 05 활용

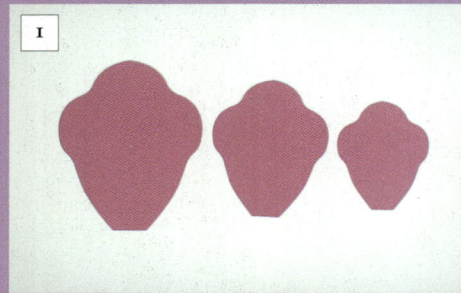

아네모네의 꽃잎 도안 대 6장, 중 6장, 소
6장을 준비한다.

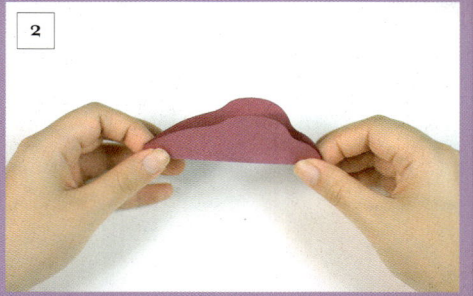

꽃잎을 반쪽으로 접는다.

꽃잎의 오른쪽을 곧은자를 사용여 뒤로
넘긴다.

꽃잎의 왼쪽도 뒤로 넘긴다.

꽃잎 대 6장, 중 6장, 소 6장 모두 **2~4**를
반복하여 볼륨을 넣는다.

【266쪽 6~19와 같은 방법으로 만든다】

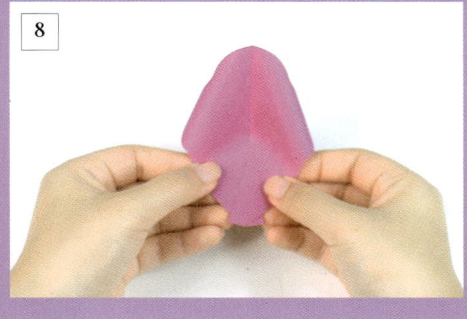

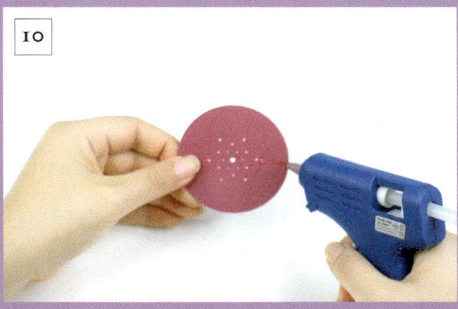

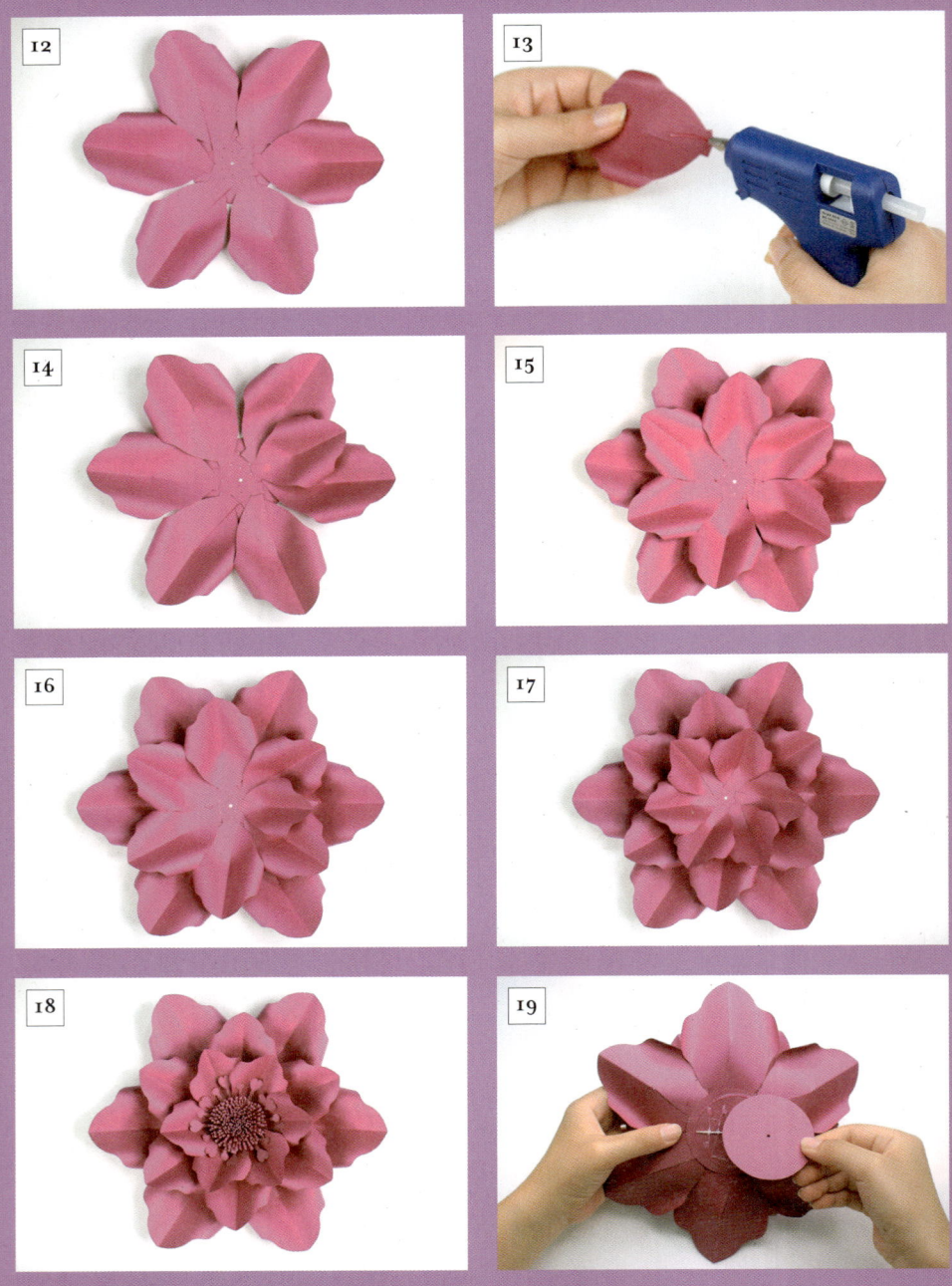

Anemone
아네모네

볼륨법 06 활용

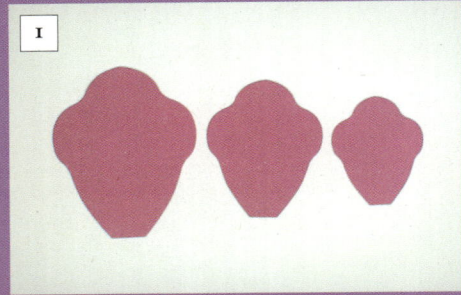

아네모네의 꽃잎 도안 대 6장, 중 6장, 소 6장을 준비한다.

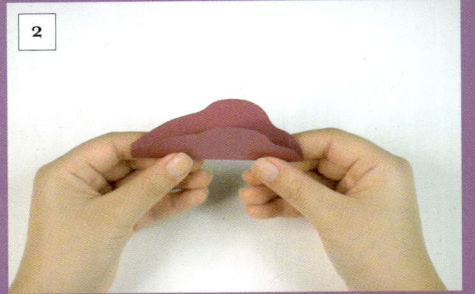

꽃잎을 반폭으로 접는다.

꽃잎의 오른쪽 위를 곧은자를 사용하여 뒤로 넘긴다.

꽃잎을 뒤집어서 또 오른쪽 위를 뒤로 넘긴다.

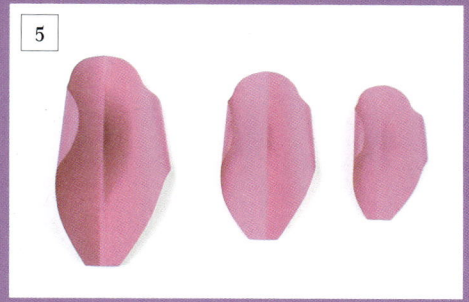

꽃잎 대 6장, 중 6장, 소 6장 모두 **2~4**를
반복하여 볼륨을 넣는다.

【266쪽 6~19와 같은 방법으로 만든다】

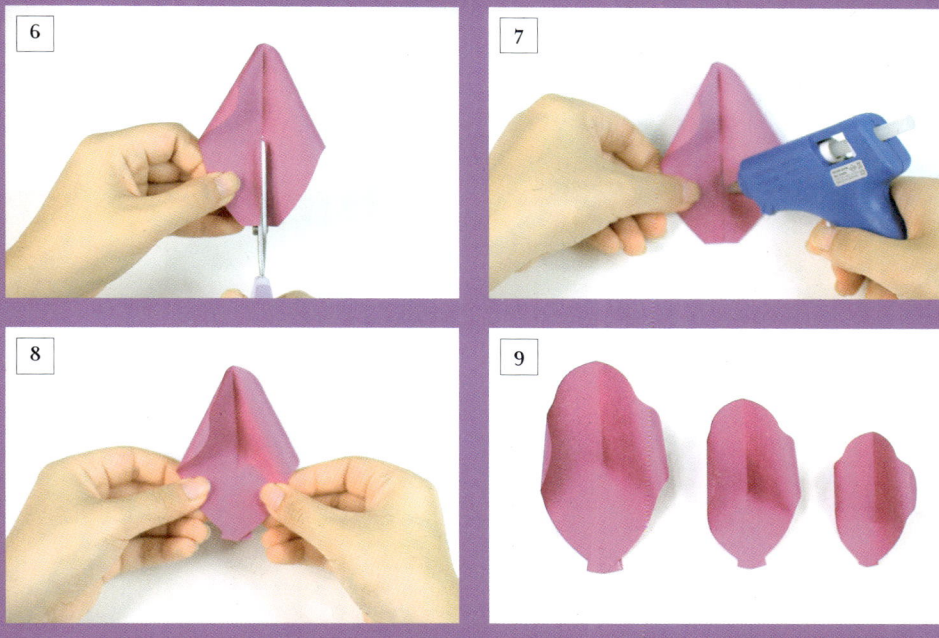

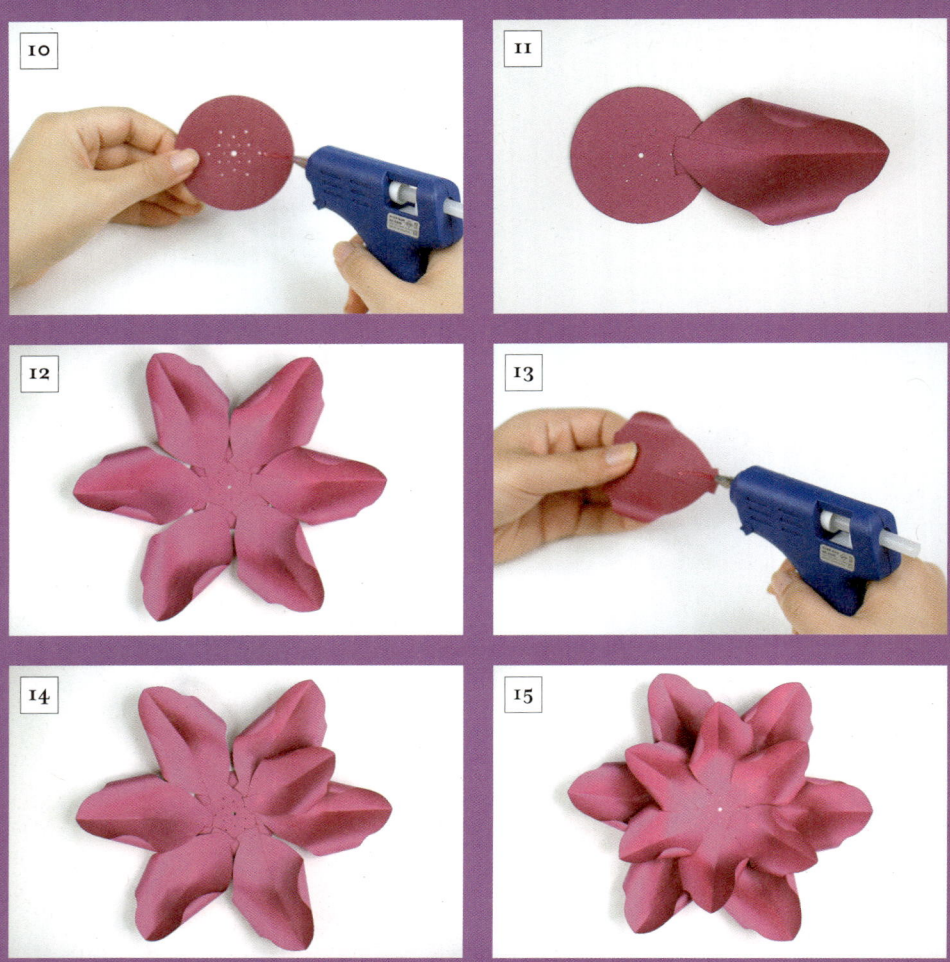

Paper flowers

조이꽃이 활옥

선물상자 타퍼 *Gift topper*

선물상자나 용돈 봉투 위에 종이꽃을 만들어서 붙여보세요!
받는 기쁨이 배가될 거예요.

아네모네 : 60% 축소, 70% 축소

인테리어 리스 *Interior wreath*

우드링에 종이꽃을 붙이고 리본을 장식하면
멋진 인테리어 소품으로 손색없어요.

복숭아꽃 : 40% 축소 1개, 50% 축소 2개

종이꽃 월 데코 *Paper flowers wall decoration*

종이꽃을 다양한 컬러와 사이즈로
만들어서 캔버스 액자에 붙이면
공간을 화사하게 만들 수 있어요.

① 연핑크 달리아 : 100%, 주황 장미 : 20% 축소, 노랑 복숭아꽃 : 20% 확대
② 빨강 복숭아꽃 : 20% 확대, 피치핑크 은방울꽃 : 20% 축소, 핑크 작약 : 100%

꽃볼펜 *Flower ballpoint*

파스텔컬러의 종이로 볼펜을 감싸고
꽃을 만들어 위에 붙여보세요.
자꾸 끄적이고 싶어질 거예요.

작약, 장미, 아네모네 : 40% 축소

꽃병 *Flower vase*

테이블이나 식탁 위에 올려놓으면 영원히 시들지 않는
꽃병으로 사용할 수 있어요.

작약 : 55% 축소

플라워박스 *Flower box*

용돈이나 선물을 포장할 때 종이꽃을 함께 담으면 예쁜
소품으로 사용할 수 있어요.

다양한 꽃 : 50~70% 축소

꽃팔찌 Accessory

웨딩이나 파티에 잘 어울리는 꽃팔찌로 활용해보세요.

복숭아꽃 : 55% 축소

크리스마스 디스플레이 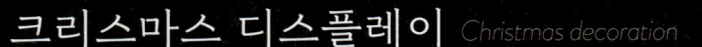 *Christmas decoration*

크리스마스를 대표하는 포인세티아를
은방울꽃으로 표현했어요.

은방울꽃 : 40% 축소 2개, 50% 축소 3개

자이언트 플라워 *Giant flowers*

큰 꽃은 디자이너스칼라보다 두꺼운
칼라 머메이드로 만들어서 벽에 걸었어요.

화이트 카틀레야 : 360% 확대, 피치핑크 장미 : 420% 확대

Epilogue

2006	조화공예 기능사 2급 국가자격증 취득
2011	한국산업인력공단 조화공예명장선정 심사위원
2012	조화공예 전시회-아침고요수목원
2013	조화공예지도사 1급 자격증 취득(협회)
	조화공예 가을 전시회-평강식물원
	사)한국문화예술연합회 조화공예분과장 임명

2014	조화공예 봄 전시회-롯데갤러리 일산
	조화공예 가을 전시회-인사동 쌈지길
2016	한지꽃 전시회-운현궁
2017	조화공예 전시회-운현궁
2019	사)한국예술문화연합회 아트플라워분과장 임명

2008	교보생명 보험의 꽃 제작
2009	사운드오브뮤직 공연소품 에델바이스 제작
2010	한채영 CF 촬영소품 부활초 제작
	샤넬 매장 디스플레이 꽃 제작
	공효진 유니클로 CF 촬영소품 꽃 제작
2011	김태희 헤라화장품 CF 촬영소품 코사지 제작
	한지민 해피바스 CF 촬영소품 솝베리 제작
	한가인 온더바디 CF 촬영소품 꽃 제작
	농촌진흥청 감자 모형 5종 제작
	금산 인삼엑스포 고려인삼 제작
	영화 <가문의 영광4> 촬영소품 제작
2012	서대문 독도체험관 섬초롱꽃 외 3종 제작
	한국원자력연구원 개발식물 5종 제작
	아모레퍼시픽 제주전시관 유채꽃, 동백꽃 제작
	이니스프리 중국 38개 매장 꽃 제작
	갤러리아백화점 명품관 디스플레이 꽃 제작
	ELLE 1월호 샤넬화장품 광고소품 꽃 제작
2013	YG엔터테인먼트 이하이 뮤직비디오 꽃 제작
	수지 온더바디 CF 촬영 대형 종이꽃 제작
	스와로브스키 전 매장 디스플레이 꽃 제작
	국립생물자원관 동백꽃 제작

2014	샤넬 파인주얼리 행사 포토 월 꽃 제작
2015	샤넬 크루즈 컬렉션 패션쇼 꽃 제작
	샤넬 아시아 5개국 디스플레이 꽃 제작 및 수출
2016	KBS 리우올림픽 중계방송 꽃 제작
2017	환경청 환경의 날 대형 민들레 홀씨 화분 제작
	올리브영 전국 매장 크리스마스 리스 제작
	영화 <강철비> 촬영소품 북한 꽃 제작
2018	티파니 앤 코 런칭행사 페이퍼플라워 제작
	국립생물자원관 전시 꽃 섬기린초 외 제작
2019	동국제약 훼라민Q CF 촬영소품 서양승마꽃 제작
	조말론 매장 디스플레이 꽃 플루메리아 제작
	2019서울무궁화축제 무궁화 제작
	국립수목원 광릉요강꽃 제작
	드라마 <꽃파당> 촬영소품 꽃 제작
	한·아세안 특별정상회의 APEC하우스 희귀식물 제작
2020	드라마 <사랑의 불시착> 최종회 에델바이스 제작
	MBC 생방송오늘저녁 조화공예 달인 출연
	매드포갈릭 20주년 페이퍼플라워 제작&시공
	대한민국역사박물관 5.18민주화 40주년기념 무궁화 제작&시공

종이꽃을 피우다

1판 2쇄 펴낸날 2023년 5월 24일

지은이 전순덕

기획편집 신이수
디자인 이지선
작품 사진 여름하스튜디오
협력스태프 김가현, 신명수

펴낸곳   도림북스
출판등록 제399-2017-000024호
블로그   blog.naver.com/dorimbooks
전자우편 dorimbooks@naver.com

ISBN 979-11-87384-19-9 13630
이 도서의 국립중앙도서관 출판예정도서목록(CIP)은 서지정보유통지원시스템 홈페이지(http://seoji.nl.go.kr)와
국가자료종합목록 구축시스템(http://kolis-net.nl.go.kr)에서 이용하실 수 있습니다. (CIP제어번호 : CIP2020027649)